Joseph Reitzes

Zur Geschichte der religiösen Wandlung Kaiser Maximilians II.

Joseph Reitzes

Zur Geschichte der religiösen Wandlung Kaiser Maximilians II.

ISBN/EAN: 9783743386105

Hergestellt in Europa, USA, Kanada, Australien, Japan

Cover: Foto ©ninafisch / pixelio.de

Manufactured and distributed by brebook publishing software (www.brebook.com)

Joseph Reitzes

Zur Geschichte der religiösen Wandlung Kaiser Maximilians II.

ZUR GESCHICHTE

DER

RELIGIÖSEN WANDLUNG

KAISER MAXIMILIAN'S II.

VON

Dr. J. REITZES.

MIT BISHER UNGEDRUCKTEN URKUNDEN AUS DEM STÄDTISCHEN ARCHIV ZU WIEN.

LEIPZIG,
VERLAG VON DUNCKER & HUMBLOT
1870.

SEINEM

HOCHVEREHRTEN LEHRER UND FREUNDE

HERRN

DR ADOLPH WAHRMUND,

DOCENT AN DER K. K. WIENER UNIVERSITÄT

.

IN VOLLSTER DANKBARKEIT

ZUGEEIGNET.

Ursprünglich als eine von der philosophischen Facultät der Universität zu Leipzig gebilligte Inauguraldissertation gedruckt, war dieser monographische Versuch zunächst für einen engen Kreis bestimmt.

Die auffällige Vernachlässigung dieser Kaisergestalt (Koch, Quellen zur Geschichte K. Maximilian's II. Bd. I. Einleitung), sowie die grosse Bedeutung des behandelten Momentes für die nächstfolgende Entwicklung der Geschicke Deutschlands und Oesterreichs insbesondere, endlich die Rücksicht auf die bisher unveröffentlichten Documente, mögen die weitere Verbreitung durch den Buchhandel gerechtfertigt erscheinen lassen.

Wien, Januar 1870.

Die leitende Idee der Politik Karl's V. war die Herstellung eines katholischen Weltreiches auf Grundlage der das ganze Mittelalter beherrschenden Verbindung des Kaiserthums mit dem Papstthum, zu deren Verwirklichung gerade dieser Kaiser durch die ausserordentlichen, zunächst Spanien sich darbietenden Vortheile der Entdeckung Amerika's und durch seine in Deutschland und Italien einflussreiche Stellung aufgefordert schien.

Die gänzliche Erfolglosigkeit dieser mit aller Kraft bethätigten Bestrebungen gibt sich in der Erschütterung des katholischen Weltprincips und in dem gleichzeitigen, mächtigen Emporkommen neuer Ideen kund, die mit Recht als die Begründer einer neuen Zeit angesehen werden.

In den zahlreichen Uebergriffen und offenbaren Missbräuchen der politischen Macht, in der übertriebenen Ausbildung eines starren Dogmatismus und Formelwesens seitens der Kirche, endlich in der sittlichen Versumpfung der Kirchenhäupter lag Aufforderung genug für die deutsche Nation, jener Idee den kräftigsten Widerstand zu leisten.

Daher der gewaltige Wiederhall, den der energische Protest Luther's gegen dieses System in der Nation fand, und den besonders einige der deutschen Fürsten in der richtigen Weise als Waffe im Kampfe gegen das Kaiserthum, das sie zu erdrücken drohte, zu benützen verstanden; sie unterstützten daher die neuen Ideen mit all ihrer Macht und suchten ihnen bei Fürsten und Völkern Eingang zu verschaffen. Der bedeutende Erfolg der Reformation lehrt, wie weit ihnen das gelungen ist.

So stellt sich jetzt jener alten Verbindung zwischen Papst und Kaiser mit einem, dem damaligen Stande der Culturentwicklung schon nicht mehr angemessenen Gedankeninhalt, eine neue entgegen, ebenfalls auf der Vereinigung von religiösen und politischen Ideen beruhend, die aber, zugleich auf den Boden der neu sich gestaltenden Verhältnisse und der praktischen Bedürfnisse sich stellend, schnell an Macht zunahm und jener mit Erfolg die Spitze bieten konnte. Bei der Unmöglichkeit eines mehr als momentanen Ausgleichs der streitenden Parteien musste es allmälig zur höchsten Verschärfung der Gegensätze, und endlich zu jenen grossen, durch die folgenden Jahrhunderte sich ziehenden Kämpfen kommen, deren endgiltige Entscheidung erst unseren Tagen vorbehalten zu sein scheint.

Für die Entwicklung dieses Kampfes aus seinen ersten Keimen gerade zu den unseligen Folgen einer langdauernden Spaltung der Nation musste, bei dem Mangel an einem gesetzlich berechtigten Ausdrucke des Volkswillens, das Wirken und Walten derjenigen

Fürsten von grosser Bedeutung sein, denen vermöge ihrer Autorität es möglich gewesen wäre, der Bewegung eine andere Richtung zu geben. War es denn ganz undenkbar, dass die habsburgischen Kaiser selbst, mit völliger Aufgebung des alten Princips und mit Ueberbietung ihrer Gegner, sich an die Spitze der neuen Bewegung stellten? Die Zeiten Ferdinand's I., besonders aber die Regierung Maximilian's II., hätte hiefür von grosser Bedeutung werden können, da letzterer durch seine religiösen Anschauungen in eine von den Traditionen seiner Dynastie verschiedene Stellung zu den sich bekämpfenden Parteien gebracht war.

Das Verhalten seiner Vorgänger, Karl's und Ferdinand's, zu der grossen Reformbewegung des 16. Jahrhunderts war bis gegen Ende des schmalkaldischen Krieges wesentlich gleich und übereinstimmend, da beiden Brüdern, abgesehen von dem Abhängigkeitsverhältnisse Ferdinand's, die unbedingte Aufrechthaltung des damaligen Katholicismus, allenfalls mit einigen von der römischen Curie selbst vorzunehmenden Reformen, sowohl vom Standpunkte ihrer religiösen Ueberzeugung als von dem der Politik als ihre vornehmste gemeinsame Aufgabe erschien. Von Reichstage zu Worms an bis zu dem erwähnten Kriege zeugen alle Regierungshandlungen, mit Ausnahme einiger durch das augenblickliche Interesse der Politik gebotener Schritte, von der gleichen Auffassung der Solidarität der beiderseitigen Interessen, der Karl V. überdies Ausdruck verlieh durch die kräftige Vertheidigung der Vorrechte des Hauses Oesterreich, dessen Ueberwiegen bei Entscheidung der Reichsangelegenheiten die deutschen Fürsten fürchteten.

Eine Aenderung dieses Verhältnisses trat ein, als Karl V. nach der glücklichen Beendigung des schmalkaldischen Krieges den Zeitpunkt gekommen erachtete, um in Bezug auf die Nachfolge in der römisch-deutschen Kaiserwürde in einer Weise Vorsorge zu treffen, die den Interessen seines Bruders ganz entgegenlief. Eine tiefe Misstimmung zwischen beiden Brüdern war die Folge der Absicht Karl's, seinem Sohne Philipp die Krone des heiligen römischen Reiches, mit Umgehung seines Bruders und der Succedenten desselben, zu sichern, die auch nach dem gegenseitig vereinbarten Successionsentwurf[1]), der überdies nicht zur Ausführung kam, nur äusserlich als gewichen zu betrachten ist.

Vielmehr liegt in dieser persönlichen Differenz der äussere Anlass zu einer verschiedenen Entwicklung der Dinge in den durch den Brüsseler Theilungsvertrag getrennten Ländermassen der habsburgischen Dynastie, die ihren tieferen Erklärungsgrund in den von der deutschen Bewegung beeinflussten religiösen und politischen Verhältnissen der Ferdinandeischen Länder findet. Während es Karl durch energische Massregeln, wobei ihm die weite Entfernung von dem Herde der religiösen Bewegung zu Statten kam, gelungen war, dieselbe von den burgundisch-spanischen Gebieten fernzuhalten, und während er in der Denkart seines

---

[1]) Siehe L. v. Ranke: „Deutsche Geschichte im Zeitalter der Reformation"; sämmtliche Werke Bd. V., Buch 9, pag. 81—92. Leipzig, Duncker & Humblot. 1868.

Sohnes und Nachfolgers Philipp eine sichere Gewähr für die Erhaltung und Förderung dieses Zustandes in der Zukunft hatte, sah sich Ferdinand in den letzten Jahren seiner Regierung zum Theil gegen seinen Willen in fremde Bahnen gedrängt und erblickte in seinem Sohne Maximilian einen Nachfolger, der, lange schon für die Neuerungen Neigung empfindend, wenig gewillt schien, denselben je wieder entgegenzutreten.

Die ersten, von einem vortrefflichen Erzieher, August Wolfgang Severus[1]), in die Brust des jugendlichen Prinzen gelegten Keime eine solchen Gesinnung wurden durch die in den österreichischen Ländern sich immer weiter ausbreitende[2]) neue Lehre sehr begünstigt und drängten durch den eifersüchtigen Wettstreit[3])

---

[1]) Auch Schiefer genannt, von Luther und Melanchthon besonders gelobt, wurde von Ferdinand zum Lehrer der königlichen Söhne *apud Oenipontes* ernannt, später aber durch mannigfache Verdächtigungen, namentlich durch die: *quasi igniculos* der evangelischen Lehre im Herzen Maximilians erregt zu haben, von seinem Platze verdrängt. G. Boehme de Max. II, *erga rem evangelicam indulgentia disserit*, Lipsiae 1779; pag. V—VII.

[2]) Der grösste Theil der Ritterschaft und eine unglaubliche Menge gemeinen Volkes bekannte sich schon 1539 zum Lutherthume. B. Raupach, evangelisches Oesterreich; Hamburg 1741. I. Abtheilung. p. 30 d. Textes.

[3]) Dieser schien durch Maximilian's einseitige und engherzige Erziehung in Spanien und dessen provisorische Regentschaft daselbst (v. J. 1548—1554; inzwischen war er 1550 nach Augsburg berufen worden; Buchholtz Gesch. Ferdinand's I. Wien 1838, Bd. VII. p. 486 u. Bd. VIII p. 702) während der Anwesenheit Philipp's in Deutschland nicht nur nicht hintangehalten, sondern vielmehr hervorgerufen worden zu sein. Michele Suriano lieferte (1557) eine pikante Relation über den jungen Maximilian, in welcher namentlich seines Hasses gegen die Spanier und seiner besonderen Vorliebe für die Protestanten

mit Spanien zu ihrer Bethätigung, wozu Max in seiner Erhebung zum König von Böhmen¹) die erste Gelegenheit fand. Als solcher begünstigte er vor Allem das Aufkommen verschiedener Confessionen daselbst durch die förmliche Aufhebung der Basler Compactaten, die an sich nie wirksam gewesen, und umgab sich mit Rathgebern, die seine Geistesrichtung theilten, denen er, wie z. B. dem Joh. Seb. Pfauser²), einem Freunde Melanchthon's, dem auch Ferdinand gewogen war, grossen Einfluss gestattete, und deren Vermittlung wohl auch seine nähere Verbindung mit den Häuptern der neuen Bewegung zuzuschreiben ist. Maximilian's Correspondenzen mit Paul Eber und Melanchthon, an den er zwölf Fragen theologischen Inhalts richtete, seine Aeusserungen³) gegen den päpstlichen Abgesandten, sowie diejenigen, welche er Protestanten gegenüber machte, in denen er

---

gedacht wird in Döllinger's Beiträgen z. politischen, kirchl. und Culturgeschichte, Bd. I. Regensburg 1862.

¹) Die Wahl und Anerkennung durch die Stände, sowie seine Proclamirung zum König erfolgte in den Jahren 1548 und 1549; Buchholtz op. cit. VII. pag. 486.

²) Boehme sagt von ihm: *„bene imbutus puriore doctrina"*; er fiel den Intriguen der römisch-katholischen Partei gegen ihn zum Opfer und musste, nachdem er bei Ferdinand in Ungnade gefallen war, den kaiserlichen Hof verlassen; doch Max nahm sich desselben auch nach seiner Vertreibung an; Op. cit. pag. VII u. ff.

³) Auf die Aufforderung, in Hinsicht auf die Möglichkeit der Nachfolge im Reich, dem katholischen Glauben treu zu bleiben, entgegnete Max: „er sage dem Papst für sein Wohlwollen den grössten Dank; *sed animae suae salutem rebus omnibus mundanis se habere cariorem"*: (dergleichen Redeweise wurde *idioma Lutheranorum* am römischen Hofe genannt). Zu Nic. Selneccerus sagte er: *in doctrina vestra, quae Augustana confessione comprehenditur, per Dei gratiam vivam et moriar*. G. Boehme in der angef. Schrift pag. IX—XI.

ihre Religion die seine nannte, nicht minder sein Fernbleiben vom katholischen Gottesdienste mussten jeden Zweifel über seine Gesinnung heben, während sein Briefwechsel mit Herzog Christof von Württemberg auch sein Verständniss für die politische Seite der Reformation an den Tag legt [1]), in welcher Beziehung er seinen Einfluss auf die Vereinigung [2]) zwischen Lutheranern und Reformirten geltend zu machen suchte, indem er sehr wohl einsah, dass man gerade durch diese Spaltung der römisch-katholischen Partei eine Hauptblösse darbot. Sofern er nun überhaupt politisch richtig dachte — und was sollte uns berechtigen, dem mächtigen Fürstensohne die Befähigung zu diesem Denken abzusprechen? — liegt hierin der klare Beweis, dass er die Sache der Reform auch politisch zu der seinigen gemacht hatte, d. h. dass er als künftiger König und Kaiser das Programm derselben auf seine Fahne zu schreiben gedachte, woraus sich später von

---

[1]) Schon im Jahre 1551 bewies er dasselbe, indem er den protestantischen Gesandten auf dem Concil zu Trient seinen Beistand zusicherte. Raupach, op. cit., pag. 51.

[2]) Die Differenzen im Schoosse der protestant. Partei gingen ihm sehr zu Herzen; charakteristisch dafür ist, dass sich unter den zwölf an Melanchthon gestellten Fragen drei auf eine mögliche Vereinigung derselben bezügliche befanden (Ranke „über die Zeiten Ferd.'s I. und Maxim. II. in der historisch-politischen Zeitschrift vom Jahre 1832 sämmtl. Werke Bd. VII. pag. 71; und „Zur Reichsgeschichte" sämmtl. Werke Bd. VII., pag. 101 u. ff.) sowie seine Aeusserung: „es sei kein besserer Weg vorhanden, als die Vergleichung der Religion; durch diesen Weg der Vergleichung sticht man dem Papst den Hals ab." (Briefwechsel zwischen Max und Christof von Württemberg bei Lebret, Magazin zum Gebrauch der Staaten- und Kirchengeschichte, Bd. IX., Brief dto. 22. Juni 1558).

selbst eine Ueberbietung des norddeutschen Protestantismus seinerseits hätte ergeben müssen, denn nur in dieser Weise hätte ihm die Reform als politische Waffe dienen können.

Es lag nahe, dass von katholischer Seite alles aufgewendet wurde, um den wahrscheinlichen Thronfolger von solchen Anschauungen abzubringen; doch mussten alle Bekehrungsversuche bei dem Charakter Maximilian's, als dessen Hauptmerkmale sein Vater selbst Hartnäckigkeit und Festhalten an der einmal gewonnenen Ueberzeugung bezeichnet[1]), von vornherein vergeblich erscheinen.

Zunächst versuchte der nach Oesterreich zu diesem Zwecke gesandte Jesuit Roderich[2]) mittelbar auf Maximilian Einfluss zu gewinnen durch dessen Gemahlin Maria, eine Tochter Karl's V., die sich durch katholischen Eifer auszeichnete, und der Max in inniger Liebe zugethan war[3]). Nichtsdestoweniger blieb sowohl die-

---

[1]) In dem Briefe Ferd.'s I. an seine Söhne Maximilian und Ferdinand bei seinem Aufbruch in den Krieg (dto. Leitmeritz 14. Feb. 1547, lat. Text, abgedruckt bei Buchholtz op. cit. Bd. IX. pag. 465—471, in deutschem Auszug bei Mailàth, Geschichte des österr. Kaiserstaates, Hamburg 1837, 2. Band pag. 193—196), worin er das Missverhältniss, welches zwischen ihm und Max bestand, klar darlegt, und welcher als das Schreiben eines Vaters den verlässlichsten Aufschluss über die Charakterrichtung des Sohnes gibt.

[2]) Näheres über dessen Mission bei Mailàth, op. cit. II. Band, pag. 213 u. 214.

[3]) Der von Donna Juana gegen Max erhobene Verdacht schlechter Behandlung ihrer Schwester Maria wird durch die Relationen der venetianischen Gesandten Paolo Tiepolo und Michele Suriano widerlegt. Gachard, *retraite et mort de Charles V. au monastère de Juste. Lettres inédites publiées d'après les originaux conservés dans les ar-*

ser, als auch der nachfolgende mit viel Geschick und Beredtsamkeit in Scene gesetzte Bekehrungsversuch des Bischofs Hosius von Ermeland ohne die beabsichtigte Wirkung[1]), wiewohl Maximilian durch die ihm eigene Urbanität und diplomatische Gewandtheit im Verkehr mit Anderen sie über ihren Erfolg zu täuschen verstand. Das Letzte zur Befestigung der Meinungen und Neigungen des künftigen Thronfolgers, die sich in ihrer Gesammtheit gegen das römisch-katholische Wesen und dessen Träger und Verfechter kehrten, trug namentlich das unzweideutige Ueberwiegen des Protestantismus in Oesterreich und die zwischen dem Papste und seinem Vater in den letzten Regierungsjahren desselben eingetretene Spannung bei.

Ferdinand nämlich sah sich gegen Ende seiner Regierung genöthigt, den Boden der strengen Massregeln[2]), die er auch seinem Bruder als die beste Politik der religiösen Bewegung gegenüber angerathen, deren zweifelhaften Erfolg er aber hatte erproben müssen, zu verlassen.

---

chives royales de Simancas; Tome II., préface, pag. XX—XXVI. Bruxelles, 1855.

[1]) Beweis dafür seine Anfrage bei dem Kurfürsten Friedrich III. von der Pfalz und dem Landgrafen Philipp von Hessen, was er von ihnen zu erwarten hätte, falls er vertrieben oder von seinem Vater oder dem Papste weiter verfolgt werden sollte. Ranke, sämmtl. Werke Bd. VII, pag. 71.

[2]) Wie z. B. das Märtyrerthum C. Tauber's, Hubmayer's u. a.; vgl. auch die Aeusserung G. Spalatins in s. Annal. Reform. p. 374. ed. Lips: „König Ferd. hat in Oesterreich und an anderen Enden viel Leut' lassen brennen." Raupach, op. citatum. 1. Abthlg. pag. 20—24.

Die neue Lehre hatte trotz dieser Politik in den beiden Ständen der Herren und Ritter viel Anklang gefunden, und deren Territorien waren die Schutzstätten des reinen Evangeliums, von denen aus dasselbe seine Wanderung durch das ganze Land machte. Den grössten Vorschub leistete der Verbreitung des Protestantismus in den österreichischen Ländern, die gleichen Schritt mit der in Deutschland hielt, die durch die erwähnte Successionsangelegenheit hervorgerufene Veränderung[1] in der Politik Ferdinand's und der damit im Zusammenhang stehende günstige Abschluss sowohl des Passauer Vertrages als des Augsburgischen Religionsfriedens, in Folge dessen die Neuerung von einem legalen Boden aus sich in aller Kraft entfalten konnte. Ihr Sieg zeigt sich in dem Ueberwiegen der evangelischen Meinungen während des folgenden Decenniums und in dem allgemeinen Abfall der Nation von dem Papstthum und Katholicismus, wie er durch die Berichte der Zeitgenossen constatirt ist[2], am treffendsten aber durch die zu

---

[1] Dadurch sieht sich wohl Boehme zu den Aeusserungen veranlasst, dass Ferd.'s Verdienste um die evangelische Sache „*immortalia exstant et ab omnibus concelebrantur*", dass er später den Evangelischen viele Beweise seiner Wohlgeneigtheit (*propensissimae voluntatis*) gegeben habe. Boehme in d. angef. Schrift. pag. III.

[2] Siehe Ranke, sämmtl. Werke Bd. VII., pag. 25—29, welcher die Relationen der venet. Gesandten, des Michele Suriano 1554, Paolo Tiepolo 1557 und Badoero anführt, die auch gesammelt sind in den „*Relationi degli Ambasciatori venetiani al Senato, raccolte, annotate et edite da Eugenio Alberi*, Firenze, 1839." — Vgl. hiezu die Bemerkung des Erzherzogs Carl, welcher an den König Philipp II. von Spanien schreibt: „ohne den Religionsfrieden würde der Katholicismus in Deutschland vollständig untergegangen sein;" (Memorial vom 23. Januar 1569 bei Gachard, Corr. de Phil. II. Tom. II. p. 59);

Gunsten der Jesuiten, als des wirksamsten Mittels gegen das Heranstürmen des Protestantismus, von Ferdinand im Jahre 1563 erlassene goldene Bulle[1]) illustrirt wird. Wahrhafte Beschämung spricht aus dem kaiserlichen Bekenntniss über den Zustand der katholischen Religion in Oesterreich, welchem die Forderung rascher Hilfe, um die übrigen *reliquia miscrabilia* des alten Glaubens zu retten, sich anschliesst.

Unter solchen Umständen war es für Ferdinand gebieterische Nothwendigkeit, beim Papste Pius IV. Zugeständnisse anzusuchen, die den veränderten Verhältnissen Rechnung trügen, für deren Erlangung jedoch der Boden in Rom nicht geebnet war, wo man das eigenmächtige Vorgehen bei den feierlichen Acten der Verzichtleistung auf die deutsche Kaiserwürde von Seiten Karl's V. und der Uebertragung derselben auf Ferdinand übel vermerkt und deshalb die Bestätigung verweigert hatte. Nur nach langen Bemühungen und Bitten, denen nebst Herzog Albrecht von Baiern auch andere deutsche Fürsten beitraten, gestattete der Papst durch das Breve vom 16. April 1564 den Genuss des Abendmahles unter beiderlei Gestalt[2]), jedoch mit

---

siehe Maurenbrecher's Aufsatz K. Max II. und die deutsche Reformation (in Sybel's hist. Zeitschrift, Bd. VII., pag. 363).

[1]) In Lünig's Reichsarchiv, pars special. tom. IV., 4. Absatz: von Oesterreich, S. 61: Aurea bulla Kaisers Ferd. I., denen Jesuiten anno 1563 gegeben (lat. Text).

[2]) Nach 36jähriger Dauer im Jahre 1600 wurde diese Concession wieder zurückgenommen. Häberlin „neueste teutsche Reichsg. von Anfang d. schmalk. Krieges," Bd. VI, pag. 74.

einer die Unfehlbarkeit der kirchlichen Ansichten rettenden Clausel[1]).

Die zweite Forderung, der in Rom nur allzu sehr verabscheuten Priesterehe, stiess auf entschiedenen Widerstand und führte durch die Weigerung Maximilian's, die Bestätigung seiner Wahl zum römischen Kaiser vom Papste einzuholen und demselben den Obedienzeid[2]) zu leisten, zu einer neuerlichen Spannung.

Trotzdem der Papst sich mit einer einfachen Erklärung der Ehrerbietung, Ergebenheit und Willfährigkeit von Seiten Maximilian's begnügen musste, die dem römischen Hofe im Hinblick auf die religiöse Gesinnung des künftigen Beschützers der Kirche wenig Beruhigung eingeflösst haben mochte, zeigte man sich jedoch äusserlich befriedigt, um das schlechte Einvernehmen nicht noch mehr zu steigern. Unter dem beengenden Eindrucke eines Missverhältnisses zu jener Macht, der Ferdinand beinahe immer sich so ergeben gezeigt hatte, schied er vom Leben (25. Juli 1564).

Dem ganzen Kampfe eine neue Wendung zu geben, schien seinem Sohne und Nachfolger Maximilian[3])

---

[1]) Es wurden Erklärungen abgegeben, dass der Empfang des Abendmahles sowohl unter einer als beiden Gestalten dem Seelenheil dienlich sei; dass ferner die Kirche nicht irre noch geirrt habe, indem sie beide Gestalten gestatte. Häberlin, op. cit. Bd. VI., pag. 73.

[2]) Ausführliches darüber ibidem, Bd. VI., pag. 85 u. ff.

[3]) Sehr günstiges Urtheil über ihn: Burnetus, in Hist. Reform. anglic. P. II. pag. 85, wo Max ein Fürst genannt wird von solcher Vollendung und so grossen Tugenden, wie ihn Europa nicht wieder gesehen hat; ebenso nennt ihn Thuanus bei Raupach op. cit. 2. Abth. pag. 70: *sapientissimum, modo prudentissimum.* Ausführl. Charakterschilderung in Stephan Gerlachs des Aelteren Tage-Buch der von

anheimgestellt, einem Fürsten, dem die gesammte deutsche Nation die lebhaftesten Sympathien und gerechtesten Erwartungen entgegenbrachte.

Es ist eine schwierige Zeit, sagt Schwendi[1]), weil alles zu einer allgemeinen Veränderung gerathen will, die durch die vorhandenen Elemente nicht hintangehalten, sondern nur immer stärker werde befördert werden; der Adel, fährt er fort, ist in Deutschland beinahe durchaus protestantisch, die Aelteren unter den Katholiken sterben täglich weg, und die Jugend ist ganz von den neuen Ideen beseelt, ja selbst der gemeine Mann gibt nichts mehr auf die römischen Ceremonien und läuft aus der Kirche, sobald die Predigt aus ist; Rom hingegen will unter keiner Bedingung Reformen, sucht, den Forderungen Christi und der Apostel entgegen, nur durch äusseres Ceremoniel den

---

Zween glorwürdigsten Römischen Kaysern Maximiliano und Rudolpho, beyderseits den Andern dieses Namens, an die ottomanische Pforte zu Constantinopel abgefertigten etc. Gesandtschafft. Frankfurt a. M. 1674; pag. 47, 254, 263 u. 264, 276, 326 u. 327, 497.

[1]) In seinem „Bedenken von Regierung des römischen Reiches und Freistellung der Religion, dto. Kerussheim 15. Mai anno 1574, enthalten in dem Werke: *Imperatorum Caesarum Augustorum Regum et Principum Electorum S. Rom. Imperii Statuta et Rescripta Imperialia a Carolo Magno usque ad Carolum V. et Reformationem Religionis* von Melchior Goldast; ed. Francfurt., II. Abthlg. pag. 217. Auch spricht sich Schwendi in seinen Briefen vom 27. Aug., 25. Dec. 16. Dec. 1564, 9. Nov. 1565 bei Groen van Prinsterer über die Absichten des Kaisers aus, worin er sagt: „Der Kaiser sei vom besten Wollen erfüllt, aber er hasse ebenso alles tumultuarische Vorgehen; er werde ohne allen Zweifel eine reformirte Kirche herstellen, aber dabei soweit eben möglich das Bestehende schonen." (Maurenbrecher, Sybels hist. Zeitschr. Bd. VII., pag. 370).

Glauben aufrecht zu erhalten und bewirkt durch dieses Auftreten gerade das Gegentheil.

Wie hoch war es nun anzuschlagen, dass jene Zeit in dem Fürstensohne, der zunächst den Kaiserthron besteigen sollte, einen Träger der neuen Ideen fand, der, unabhängig von traditionellen Anschauungen und Vorurtheilen, von Abneigung erfüllt gegen jene Verhältnisse, die ihn bis zu seinem Regierungsantritte beengten und verletzten, neue Bahnen zu wandeln gesonnen war, die einer schönen Zukunft entgegenführen konnten.

Von Spanien und Rom durch unüberwindlichen Abscheu gegen die daselbst herrschenden Principien getrennt, hinblickend auf das durch die unseligen Religionskämpfe erschütterte und zerrüttete Frankreich und auf das sich gleichzeitig von der Suprematie der Kirche völlig loslösende England, überdies getragen von der Gunst seiner Nation, hätte Maximilian seine grosse Aufgabe darin erkennen müssen, den in seinen Zeiten sich entwickelnden grossen Process der kirchlichen Auflösung zu beschleunigen, an die Stelle der sinkenden alten Formen neue vorzubereiten und der gesammten Nation noch höhere und menschenwürdigere Ziele zu setzen, als die protestantische Denkform, wie sie sich bis dahin zu einseitiger Beschränktheit ausgebildet hatte, diese in sich schloss. Durch energisches Verfolgen solcher Ziele würde er sich zum Vollstrecker der höchsten Strebungen seines Volkes gemacht und sich selber unvergänglichen Ruhm gesichert haben.

Jetzt musste es sich zeigen, inwiefern den Entschlüssen seiner Jugend Thatkraft innewohnte, und ob seine freie, umfassende Weltanschauung, sowie sein durchdringendes Verständniss für die Verhältnisse seiner Zeit ihn zur erfolgreichen Benützung der damaligen, gerade für ihn ausserordentlich günstigen Situation führen würde.

Sein Auftreten und seine Handlungen in allen die Religion betreffenden Angelegenheiten mussten hiefür von einschneidender Bedeutung werden. Er nahm zunächst die Verhandlungen mit Rom wegen der Gestattung der Priesterehe[1]), die dringend begehrt wurde, wieder auf; die neuerliche Weigerung liess ihn den unabänderlichen Sinn des römischen Stuhles abermals erkennen und verschaffte ihm zugleich die Ueberzeugung von der Nothwendigkeit eines ganz selbständigen Vorgehens.

In diesem Sinne liess er die unter Ferdinand schon begonnenen Berathungen der papistischen Theologen Wicelius und Cassander fortsetzen, deren Zweck, durch eine genaue Auseinandersetzung der differirenden Punkte[2]) eine Vereinigung des katholischen und protestantischen Glaubensbekenntnisses zu erzielen, bei der schon so scharfen Sonderung in den Hauptansichten nur illusorisch sein konnte. — Um so wahrscheinlicher war es, dass auf dem nach Augsburg (1566) einberufenen Reichs-

---

[1]) Häberlin op. cit. Bd. VI., pag. 92 ff.
[2]) Cassander schloss sich auf Maxens Wunsch in seiner Auseinandersetzung mehr an die Lehrsätze der Augsb. Confession an. Raupach, op. cit. I. Abth. p. 73.

tag, im Verein mit der protestantischen Mehrheit der Stände, selbständige Verfügungen getroffen würden, was sich der Papst auch gegenwärtig hielt, indem er durch die Sendung des Cardinals Commendonus [1]) zum Reichstag einer solchen Wendung der Dinge vorzubeugen dachte. Die kaiserliche Proposition, abermals nur auf die unmögliche Vereinigung der streitigen Glaubensbekenntnisse gerichtet, rief nur unnütze Supplicationen und Gegenschriften der Religionsparteien hervor, während die Verhandlung über die Priesterehe gar nicht aufgenommen, und über den wichtigen Punkt der von den Protestanten so heftig begehrten Freistellung eine einhellige Resolution nicht zu Stande gebracht wurde [2]).

Man bestätigte den Augsburger Religionsfrieden, dessen folgerichtige Auslegung jene vielfachen Entzweiungen, die den Gegenstand der Beschwerden aller Reichsversammlungen bildeten, veranlasste, mit dem Beschlusse, die der Augsburgischen Confession entgegenstehenden Secten nicht zu dulden, und das war das Hauptresultat von Verhandlungen in Bezug auf Religionsangelegenheiten, denen man selbst römischer Seits mit Besorgniss entgegengeblickt hatte. — —

---

[1]) Die von dem Papste demselben ertheilte Instruction für den Fall der Aufnahme von selbständigen Religionsverhandlungen enthält die ärgsten Bannflüche gegen die Fürsten und die Drohung der Absetzung des Kaisers. Häberlin, angef. Werk, Bd. VI., 129 u. 130.

[2]) Hauptursache war das Absondern der Pfalz von den Lutherischen und die durch den Calvinismus hervorgerufene Uneinigkeit im Schoosse der Protestanten. Ranke, sämmtl. Werke Bd. VII., p. 63.

Wenn auch die Spaltungen in der protestantischen Partei, im Gegensatze zu der sich fest aneinanderschliessenden katholischen, zu diesem kläglichen Resultate das Ihrige beitrugen, so ist doch nicht zu läugnen, dass Maximilian schon auf dieser, wie auf den späteren Versammlungen der Reichsstände, unterstützt durch die Autorität seiner Stellung, durch entschiedeneres Auftreten gegen beide Parteien eine damals gewiss noch in seiner Absicht gelegene günstigere Wendung hätte anbahnen können.

Sollten doch die römischen Drohungen und Bannflüche den Kaiser eingeschüchtert haben, die ersten entscheidenden Schritte zu thun? — Fast gelangt man zu dieser Vermuthung, wenn man in Erwägung zieht, wie auch in den Erblanden den beiden Ständen der Fürsten und Herren bei ihrem Begehren um Gestattung der freien Religionsübung nach der Augsburgischen Confession sich viele Schwierigkeiten entgegenstellten, die man nach den vormals häufig kundgegebenen Ansichten Maximilian's nicht hätte erwarten dürfen.

Die Verhandlungen über die der Concession nachfolgende Confirmation[1] der von dem berühmten Rostocker Theologen David Chryträus ausgearbeiteten Kirchen-Agenda für die protestantischen Stände und

---

[1] Diese erfolgte im Jahre 1571; doch wurde ihnen das Consistorium und der Superintendent, sowie die Errichtung einer öffentlichen Kirche verweigert, und sie mussten sich mit moderaten evangelischen Predigern begnügen. Hierher gehörig: Oberleitner, die evang. Stände im Lande ob der Enns unter Max II. und Rudolf II., Wien, 1862.

deren Erben, sowie über die Aufrichtung eines besonderen Consistoriums und Superintendenten, zeigen sein Bemühen, ein Vermittlungssystem zwischen beiden Parteien festzuhalten, wiewohl die Absicht, thunlichst viele römische Ceremonien, die Gerichtsbarkeit der römisch-katholischen Bischöfe und die Ordination der protestantischen Prediger durch dieselben beizubehalten, offenbar schon auf einen fremdartigen Einfluss[1]) schliessen lässt und, ohne ein unmittelbarer Ausfluss da damaligen Denkart des Kaisers zu sein, doch als erster Schritt auf einer verhängnissvollen Bahn zu betrachten ist, welche wir den Kaiser später thatsächlich einhalten sehen.

Man hat diese Veränderung im praktischen Vorgehen Maximilian's mit einer Wandlung in seiner religiösen Gesinnung in Verbindung gebracht und diese in die letztere Zeit seiner Regierung verlegt, während die Anfänge derselben bis in das Jahr 1569 zurückreichen, und jener Umschlag in der Praxis ganz und gar in politischen Verhältnissen seinen Erklärungsgrund findet.

Der Kaiser befand sich schon nach dem Augsburger Reichstage an dem entscheidenden Wendepunkte, wo er darthun musste, ob er seine Aufgabe, wie wir sie auffassen, mit kräftigem Entschlusse in Angriff nehmen, oder ob er vor den sich entgegenstellenden Schwierigkeiten zurückschrecken werde.

Entweder er vollführte seinen, wahrscheinlich vor

---

[1]) Dahin gehört namentlich die Mission des Cardinals Commendonus nach Wien 1569. Raupach, angef. Werk; 1. Abth. p. 98—102.

der Thronbesteigung beabsichtigten¹) Uebertritt zum Lutherthum, oder er verblieb gegen seine religiöse Ueberzeugung das weltliche Oberhaupt der katholischen Partei und sicherte sich dadurch alle die kleineren Vortheile, die aus jener Verbindung zunächst für seine Familien- und dynastischen Interessen erwachsen konnten.

Das Erstere erheischte seinerseits grossen Muth und Opfer, für welche ihm wohl die durch dreifache Opposition ungewiss gemachte künftige Stellung nicht den entsprechenden Ersatz zu bieten schien. — Da war zunächst die katholische Opposition, unberechenbar in ihrer Machtentwicklung, vertreten durch den Papst, Spanien und Frankreich; dann die calvinische, die, gekräftigt durch das ihr von mehreren Fürsten entgegengebrachte Interesse, gegen einen lutherischen Kaiser gewiss ihr Haupt emporgehoben hätte²), und endlich die der lutherischen Fürsten. — Was sollte den letzteren ein Kaiser frommen, der die Vortheile der Einziehung des Kirchengutes sich allein zuwendete, die Entwicklung der Landeshoheit hemmte und sie selbst, die vielleicht jeder von einer ihre späteren Nachkommen zierenden Kaiserkrone träumten, zu blossen Va-

---

¹) Siehe K. A. Menzel, neuere Gesch. der Deutschen von der Reformation bis zur Bundes-Akte, Bd. V. p. 8. Ein weiterer Beweis für den erwarteten Uebertritt M.'s findet sich noch in dem Codicille Ferdinand's vom 10. August 1555, worin er M. flehentlich ermahnt, den Argwohn, als wolle er von der katholischen Religion fallen und zu den neuen Sekten übergehen, ja nicht zu rechtfertigen. Buchholtz, op. cit., Bd. VIII., p. 753.

²) Siehe Menzel, angef. Werk, Bd. V, p. 10.

sallen eines kräftigen Reiches herabdrückte? — Die Reformation diente ihnen ja, wie bereits gesagt, hauptsächlich als politische Waffe gegen das Kaiserthum, die sie, sobald sie sich als nicht mehr brauchbar erweisen sollte, mit jeder tauglicheren ohne Zögern vertauscht haben würden[1].

Solchen Schwierigkeiten gegenüber genügte nicht mehr ein unbestimmtes Wollen; da musste eine hohe Kraft sich mit einem klaren Programme vereinigen, das, gestützt auf die öffentliche Meinung des deutschen Volkes, seinen Schwerpunkt in Zielen und Zwecken haben musste, die jene der Reformation, wie sie sich bis dahin herausgebildet hatten, weit überboten.

Es war eine Aufgabe, würdig eines Cäsar, eines Karl des Grossen!

Zu welchen Thaten sehen wir nun Maximilian sich aufraffen? Er sucht durch gute Worte die wogenden Leidenschaften zu beruhigen, führt eben dadurch beide Gegensätze nur zu einer schärferen Entwicklung und hält es andererseits für räthlich, von dem ihm durch seine Ueberzeugung und durch die Wünsche der Nation vorgezeichneten Wege abzugehen und durch die

---

[1] Hierin können wir uns mit Maurenbrecher, mit dem wir sonst im Wesentlichen übereinstimmen, nicht ganz einverstanden erklären; wäre durch den Uebertritt Maximilian's zum protestantischen Princip eine gemeinsame geistige Basis für die deutsche Nation geschaffen worden, so wäre damit nicht im Mindesten der Kampf zwischen Fürsten und Kaiser unterbrochen worden: es hätte nothwendig die eine oder die andere Partei das freidenkerische Princip, welches der Keim der protestantischen Bewegung enthält, als geschicktes Werkzeug zum politischen Kampf weiter entwickeln müssen.

Annäherung an die römisch-katholische Partei die alten Traditionen seiner Dynastie wieder aufzunehmen.

Aenderung seiner religiösen Denkart veranlasste diesen Schritt wahrhaftig nicht, zumal durch Berichte von Augenzeugen über seinen Tod klar dargethan wird, dass er, sich treu bleibend, zwar als guter Christ, jedoch nicht als römischer Katholik gestorben ist[1]). Vielmehr war es die Sorge für die nächsten Interessen seiner Kinder und seiner Dynastie überhaupt, die jetzt bei Maximilian in den Vordergrund trat und nachhaltigen Einfluss auf seine Entschliessungen in politischen und religiösen Angelegenheiten ausübte.

Seine ganze dieser Wandlung nachfolgende Regierungsperiode ist von zwei grösseren Plänen beherrscht, die ohne ein wirkliches Handinhandgehen mit der römisch-katholischen Partei, oder mindestens ohne den Schein eines solchen nicht durchgeführt werden konnten. Sie beruhten auf der Aussicht, Spanien und Polen für seine Dynastie erwerben zu können. Die fortwährend in Berechnung gezogene Verbindung mit Spanien durch die Vermählung der Tochter des Kaisers, Prinzessin Anna, mit dem präsumtiven spanischen Thronerben Don Carlos, erheischte reifliche Erwägung, als nach

---

[1]) Bericht über die Krankheit und Tod Max' II., erstattet an Philipp II. durch Marquis d'Almazan; dazu folgende Stelle aus einem Briefe d'Almazan's an Zayas 12. Oct. 1576: „Der Unglückliche (Max) ist gestorben, wie er gelebt hatte." M. Koch, Quellen zur Geschichte des Kaisers Maximilian II., Leipzig 1862, Bd. II, p. 101—108.

der unerwarteten Katastrophe dieses Prinzen an dessen Statt sein Vater als Brautbewerber auftrat.¹) Es war selbstverständlich, dass der katholische Philipp seine Verbindung mit Anna, sowie seine weitere Absicht der Annahme des Erzherzogs Rudolf zum Thronerben an Don Carlos' Statt, an Bedingungen knüpfen musste, die sich hauptsächlich gegen die religiösen Anschauungen und die Behandlungsweise der kirchlichen Dinge am kaiserlichen Hofe bekehrten, und denen sich Maximilian nur in schlauer Weise fügte.

Der durch einen Briefwechsel beider Souveräne, welcher die Sinnesart des Kaisers in Religionsdingen besprach²), herbeigeführte Meinungsaustausch musste trotzdem wenigstens in dem äusseren Wesen des Hoflebens eine Veränderung herbeiführen, die sich namentlich in der strengeren Beobachtung der katholischen Kirchenceremonien und in dem vermehrten Einflusse der aus Spanien herübergekommenen Jesuiten kundgibt die denselben hauptsächlich bei der frommen Gemahlin Maximilian's und in der Erziehung der kaiserlichen Kinder geltend zu machen suchte.

Maximilian selbst, unberührt von derartigen Beeinflussungen, suchte nach wie vor seine Stellung zwischen

---

¹) Näheres über diese Heirathsunterhandlungen und die Katastrophe des Don Carlos in den Berichten des Freiherrn v. Dietrichstein, Gesandten am Hofe Philipp's II., an den Kaiser Max II. v. 1563—1568, bei M. Koch, angef. Werk, I. Bd. p. 109 ff.

²) Religiöse Mahnung Philipp's II. in einem Schreiben an Max aus dem Pardo 1569, und des letzteren Antwortschreiben. M. Koch, Quellen; II. Bd., p. 92—100.

beiden Parteien festzuhalten, die, ihn zu einer Politik der halben Massregeln und des doppelten Rechtsmasses drängend, den Parteileidenschaften grosse Nahrung zuführte und schliesslich gegen seine Persönlichkeit allseitiges Misstrauen hervorrief[1]. Sowie die erwähnte Assecuration der den nieder- und oberösterreichischen Ständen verwilligten Religionsfreiheit den Stempel jener Politik unverkennbar an sich trägt, so u. a. noch mehr sein Mandat[2] an den Prinzen von Oranien (1572), worin er ihn auffordert, den Krieg in den Niederlanden einzustellen, das aber zugleich auch von einer verschämten Sympathie für die Bestrebungen desselben zeugt. In eben diese Kategorie von Massnahmen, die weder nach der einen noch der anderen Seite entschieden auftraten, gehört auch die Angelegenheit des Pfarrers von St. Salvator[3] zu Wien, die wir im Anhange mittheilen. Unsere kurze Erzählung der einschlägigen Vorgänge und die angehängten Documente werden dem Leser an einem besonderen Falle die Politik, welche der Kaiser zu jener Zeit in Religionssachen zu befolgen für gut fand, vor Augen führen.

Abgesehen von der Rücksicht auf Spanien brachte den Kaiser auch die Anstrebung der Krone Polens den katholischen Grossmächten wieder näher; namentlich musste er die Freundschaft des römischen Hofes zu gewinnen suchen, sowohl wegen des Einflusses, den derselbe auf die der Wahlhandlung vorhergehenden Wahlumtriebe

---

[1] Vgl. Schwendi, angef. Werk, p. 220.
[2] Vgl. Häberlin, angef. Werk, Bd. VIII, p. 676—678
[3] Siehe d. Anhang.

ausübte, als auch der Rivalität Frankreichs halber. — Der Grund des Misslingens dieser Bestrebung, deren Erfüllung Maximilian, wohl in richtiger Erkenntniss der Wichtigkeit dieser Länder für die österreichische Monarchie, lebhaft gewünscht hatte, liegt zum Theil in der Haltung der evangelischen Kurfürsten, welche, diese Verbindung mit scheelen Augen anblickend[1], ihre Beziehungen zu den Protestanten in Polen nicht unbenützt liessen, und in der Unzuverlässigkeit[2] der römischen Unterstützung, welcher, neben der grösseren Rührigkeit der französischen Partei selbst, Heinrich von Anjou seinen Erfolg hauptsächlich zu danken hat. Nachdem wegen der förmlichen Flucht des neuen Königs dessen Entsetzung erfolgt war, hatte Max bei der neuerlichen Wahl auf gesetzliche Weise die Krone erlangt[3], erhielt jedoch durch mannigfache Umtriebe einen Gegencandidaten in dem Grossfürsten von Siebenbürgen Stephan Bathory, der durch Vermählung mit der polnischen Erbprinzessin die Krone gewann. — Der darüber zwischen beiden Prätendenten entstandene Streit würde zu einem Kriege geführt haben, wenn nicht durch ein Gutachten, das den Ständen auf dem Reichstag zu Regensburg hierüber abverlangt wurde, dieselben deutlich zu erkennen gegeben hätten, wie wenig

---

[1] S. Häberlin, der das Gutachten der Stände bringt, das sie auf dem Reichstage zu Regensburg (1576) hierüber abgaben, Bd. X, p. 228 u. ff.

[2] Card. Commendonus mit seinem Anhang trat zur französischen Partei über. Idem, op. cit. Bd. IX, p. 23.

[3] Er wurde von den Litthauern gewählt und v. Erzbischofe von Gnesen gesalbt. Idem, op. cit. Bd. X, p. 218.

Werth sie auf diese Erwerbung legten, wie sie denn auch eine Unterstützung verweigerten und dem Kaiser nur den Rath gaben, sich Polens zu entschlagen, doch aber, wenn möglich, sich oder seinen Söhnen die Nachfolge zu sichern für den Fall, dass Bathory ohne männliche Leibes-Erben mit Tod abginge.

Auf dem Kurfürstentag und dem darauffolgenden Reichstag zu Regensburg erscheint Max ganz schwach und willenlos; er wird von beiden Parteien hin und her getrieben, ohne seinen eigenen Standpunkt aufrecht halten zu können. Zu einem annähernd befriedigenden Beschlusse in der Religionssache kommt es daher gar nicht; es wird immer auf die früheren Vereinbarungen, die sich doch als nicht genügend gezeigt hatten, hingewiesen, bis der Tod den Kaiser auf dem Reichstage selbst unerwartet von dem Kampfe zwischen Ueberzeugung und den nächsten praktischen Rücksichten erlöste.

Heutzutage liegt die Geschichte Deutschlands, soweit sie von der Reformationsbewegung abhängig ist, nahezu abgeschlossen vor uns. Dass dieser Abschluss schon beim Beginn der Bewegung von den Weiterblickenden unter den politischen Führern in's Auge gefasst wurde, dem dürfte nicht widersprochen werden; ist doch in neuerer Zeit die Gesammtentwicklung der deutschen Geschichte seit der Reformation vielfach geradezu als eine Geschichte der preussischen Politik in der Art dargestellt worden, dass die jeweilig eingetretenen Veränderungen und ein zeitweiliger Abschluss selbst als den bewussten Zielen der preussischen Politik entsprechend erscheint[1]). Wir wollen dem historiographischen Princip, welches in diesem Verfahren sich ausspricht, nicht entgegentreten, müssen aber um so mehr die Frage für berechtigt halten, warum ein österreichischer Fürst und deutscher Kaiser nicht die Fähigkeit besessen haben soll, den Gang der Dinge vorauszusehen, wie ein Kurfürst von Brandenburg? — Wie die vorliegende Darstellung zeigt, haben wir aus den Quellen die Ueberzeugung geschöpft, dass bei Maximilian ein solches Voraussehen, soweit es überhaupt der menschlichen Natur gestattet ist, vorhanden war. Es kam also nur die Frage in Betracht, ob die Stärke des Willens der Klarheit des Verständnisses entsprach; dies aber war, wie wir eben gezeigt haben, bei Max nicht der Fall.

Die Lage, in die er als deutscher Kaiser und österreichischer Fürst gebracht war, erforderte zur Besiegung der protestantischen Fürsten, die ja in der Mehrzahl die Reformbewegung nur als politisches Mittel betrachteten, ein Ueberbieten der Reformationsideen, wie sie sich in dogmatischer Halbheit damals bewegten. Dieses Ueberbieten war freilich eine Aufgabe, wie sie nur die unter den Menschen selteneren, grösseren Charaktere und Capacitäten durchzuführen vermocht hätten. Dass Maximilian durch Aeusserungen und politische Handlungen in einem Theile der Nation Erwartungen jener Art erregt hat, ist wohl ohne Zweifel; aber ebenso zweifellos hat die Geschichte bewiesen, dass Maximilian

---

[1]) Die Belege für das Gesagte bilden die historischen Arbeiten von Häusser, Sybel, Treitschke, Droysen, Springer, Adolf Schmidt.

bei tiefer Einsicht und bestem Willen nicht die Kraft besass, jenen Erwartungen gerecht zu werden.

Der nächste Verlauf der deutschen, namentlich der speciell österreichischen Geschichte hat nur zu deutlich gezeigt, wie verhängnissvoll die ersten Schritte Maximilian's zu einem Compromiss mit der katholischen Partei gewesen sind.

Führte ja doch die Bahn, welche Maximilian's Halbheit jetzt betrat, zum dreissigjährigen Krieg und zur österreichischen Gegenreformation, jener nur mit dem blutigsten Wüthen der Inquisition zu vergleichenden Leistung jesuitischer Politik!

ANHANG.

Der Wiener Stadtrath verlieh im Jahre 1567 (1568?) das von ihm autonom zu besetzende Beneficium der Rathhauskapelle zu St. Salvator[1]) einem gottesfürchtigen, frommen Manne Namens Balthasar Freyunger; derselbe war in Passau geboren und wurde nach Vollendung seiner theologischen Studien in Wien und Ingolstadt im Jahre 1540 vom Bischof von Chiemsee zum Priester ordentlich geweiht, worauf ihn der Bischof von Passau 1547 mit der Pfarre Waitzenkirchen bei Efferding betraute, welche er durch dreizehn Jahre mit grösster Treue verwaltete. — Durch die Kriegsvölker des Herzogs Moriz von Sachsen (1552) litt diese Pfarre grossen Schaden, Freyunger verzichtete auf dieselbe und begab sich nach Wels, wo er durch vier Jahre ein Beneficium genoss, bis ihn der Administrator des Wiener Bisthums, Bischof Urban von Gurk, nach Wien be-

---

[1]) Die Kenntniss der Angelegenheit des Pfarrers von St. Salvator und der darauf bezüglichen, bisher ungedruckten Documente verdanke ich, durch freundliche Vermittlung des Herrn Magistratsrathes v. Sögner, der Güte des Directors des städtischen Archivs zu Wien, Herrn Karl Weiss. — Den specialisirten Inhalt des Aktenfascikels, von welchem diese Urkunden einen Theil bilden, siehe Beilage Nr. XI.

rief und ihn seiner Frömmigkeit und seines untadelhaften Lebenswandels halber dem Bürgermeister Uebermann für die geistliche Pflege der Armen zu Sanct Marx empfahl. — Der Stadtrath versetzte ihn bald wegen der für sein hohes Alter allzu grossen Beschwerden jenes Amtes an die Rathhauskapelle zu St. Salvator, wo sich Freyunger in kurzer Zeit als Prediger wie als Seelsorger einen weitverbreiteten Ruf erwarb. Das Volk strömte aus mehrere Meilen von Wien entfernten Orten nach St. Salvator, um den Mann predigen zu hören und ihm zu beichten. Trotzdem an seiner lauteren katholischen Gesinnung bis dahin,. wie die Empfehlung von Seiten des genannten Bischofs beweist, kein Zweifel aufgekommen zu sein scheint, konnte derselbe, nachdem er dies Amt durch einige Zeit verwaltet hatte, sich dem Einflusse des in Wien immer mehr Boden fassenden Protestantismus nicht entziehen und scheint sich jenem Kreise von katholischen Priestern angeschlossen zu haben, welche den Standpunkt der ursprünglichen Reinheit der christlichen Lehre vertheidigten und, indem sie sich offen gegen die in der katholischen Kirche herrschenden Missbräuche aussprachen, auch von der bisherigen Gewohnheit in der Reichung der Sacramente abgingen. Freyunger wurde noch zu der Zeit, als er bei St. Marx war, eines solchen Vorgehens halber vom Bischof von Gurk vorgefordert, einige Tage im Arrest behalten und ihm das Predigen wie die Ausspendung der Sacramente verboten. Doch der Stadtrath hatte sich nicht an dieses Verbot gekehrt und ihm die Pfarre zu St. Salvator verliehen, sowie die Erlaubniss ertheilt, ohne Rücksicht auf das bischöfliche Interdict und mit Berufung auf die dem Landtage vom Kaiser (1568) ertheilte Glaubensfreiheit die geistlichen Functionen wie bisher zu verrichten [1]).

So verwaltete Freyunger durch zwei Jahre unbehindert sein Amt, bis sein Benehmen und sein Erfolg die Missgunst und den Brotneid der Chorherren von St. Stefan insbesondere, im Allgemeinen aber die grössere Aufmerksamkeit der römisch-katholischen Partei erregte, welche ihren damals wieder in Aufnahme begriffenen Einfluss bei Hofe in dieser Angelegenheit zu verwerthen suchte und den Kaiser zu einem entschiedenen Auftreten gegenüber Vorgängen veranlasste, denen er bisher ruhig zugesehen hatte [2]).

Ganz unerwarteter Weise verboten ihm am 20. Jänner 1570 der kaiserliche Rath Magister Taurellus und der Chormeister Oechsel von St. Stefan in Gegenwart der Stadträthe Zimmermann und Iglschauer feierlich die Ausspendung der Sacramente und das Predigen. Von

---

[1]) Dabei vergass aber der Stadtrath, dass Wien in Folge der Erklärung, die Maxim. auf die anfänglichen Forderungen freier Religionsübung abgab: „es stehe jedem frei, der Bedenken trage, in der Religion, zu welcher er sich öffentlich bekenne, zu leben, seine Güter zu verkaufen und das Land zu verlassen", sich von den beiden anderen Ständen der Herren und Ritter, mit denen es bisher in Religionsangelegenheiten gemeinsame Sache machte, absonderte und daher das Beneficium der blos diesen Ständen gewährten Religionsfreiheit für sich nicht in Anspruch nehmen konnte.

[2]) Vgl. die Bemerkung Mailáth's (öst. Gesch. 2. Bd. pag. 246), dass sich mit der Aufzählung aller unerlaubten Schritte, welche die Protestanten sich in jener Zeit erlaubt hatten, ein ganzer Band füllen liesse.

Freyunger befragt, scheuten sie sich nicht, als Ursache des Verbots die Schmälerung ihres eigenen Einkommens anzugeben[1]).

Der Stadtrath, mit dem Bürgermeister Hans von Thau an der Spitze, trat kräftig für seinen Pfarrer in die Schranken, liess das Verbot unberücksichtigt und machte zugleich einen Bericht an die n. ö. Regierung, worin er Freyunger gegen alle Angriffe vertheidigt, dabei die Versicherung abgibt, dass kein sectischer Priester geduldet würde, und schliesslich bittet, dem Angegriffenen Schutz angedeihen zu lassen gegen dieses willkürliche Verfahren, welchem Verlangen denn auch Folge gegeben wurde.

Unterdessen aber war an den Bürgermeister von Kaiser Max ein Schreiben[2]) gelangt, in welchem dem Stadtrathe bittere Vorwürfe über die Zulassung von unpriesterlichen, calumnirenden Predigern, zudem noch während seiner Abwesenheit, gemacht werden, mit der Aufforderung, nicht nur diesen gefährlichen Menschen sogleich zu entfernen, sondern überhaupt keine sectischen Priester in Wien zu dulden.

Der Bürgermeister suchte im Namen des Stadtrathes die ihm in diesem Schreiben gemachten, nur auf böswillige Entstellung der Thatsachen begründeten Vorwürfe durch eine Rechtfertigungsschrift[3]) zu entkräften,

---

[1]) „Woraus ich schliessen kann, sagt Freyunger (Actenfascikel Nr. I), dass es ihnen nur um den lieben Pfennig, um Gottes Wort aber gar nicht zu thun sei."

[2]) Beilage Nr. I.

[3]) Beilage Nr. II.

in welcher er sowohl gegen das von Maximilian ausgesprochene Misstrauen Verwahrung einlegt, als auch durch eine wahrheitsgemässe Darstellung der Thatsachen den Kaiser aufzuklären und ihm in dieser Sache eine unbefangene Beurtheilung, der er ja bis nun immer zugänglich gewesen, zu ermöglichen sucht.

Um auch persönlich auf den Kaiser einzuwirken und dieser von den Jesuiten am Hofe, die an demselben wieder auftauchten, geförderten Intrigue auf den Grund zu kommen, wurde eine Deputation vom Stadtrathe, bestehend aus dem scharfsinnigen Johann Hutstocker und Iglschauer dem Aelteren, nach Prag gesandt, um dort auch in Sachen des Pfarrers von St. Salvator Audienz zu nehmen.

Sie erfuhren daselbst, dass durch die kräftige Vermittlung des Präsidenten der kaiserlichen Hofkammer, Richard Strein, der Kaiser für Freyunger günstiger gestimmt und zu zwei Handschreiben an den Statthalter[1]) und den Bürgermeister[2]) veranlasst worden sei, in welchen er mit Rücksicht auf die heilige Fastenzeit und das nahende Osterfest die Wiedereinsetzung[3]) des Pfarrers in sein Amt, von dem er unterdessen ferngehalten worden war, anbefiehlt, jedoch mit der Weisung, dem alten Manne Mässigung aufzuerlegen, da er sowohl von den Chorherren zu St. Stefan als von den Jesuiten, die dem Kaiser wenigstens diese ungnädige Massregel abgedrungen hatten, scharf beobachtet wer-

---
[1]) Beilage Nr. III.
[2]) Beilage Nr. IV.
[3]) Der darüber ergangene Bescheid Beilage Nr. V.

den würde. In Gegenwart amtlicher Persönlichkeiten hielt nun Freyunger „eine christliche gute Predigt".

Dies war eine zeitweise Niederlage der Jesuiten, die sie durch Aufwand aller Ueberredungskunst bei dem Kaiser wieder gut zu machen suchten, was ihnen auch vollständig gelang. Hutstocker und Iglschauer, den Zweck ihrer Mission erreicht glaubend, schickten sich eben an, Prag zu verlassen[1]), als sie den kaiserlichen Befehl erhielten, ihre Abreise bis auf Weiteres zu verschieben[2]). In einer abermaligen Audienz erklärte jetzt der Kaiser den Räthen, er habe sich die Ueberzeugung verschafft, dass der Pfarrer von St. Salvator nichts anderes als ein ketzerischer Priester, ein Idiot und Schwätzer sei, der zur Verachtung der Kirchenceremonien und namentlich der Messe aufreize, weshalb es sein Befehl sei, dass er abgesetzt und durch einen Tauglicheren ersetzt werde, der aber zuvor ihm namhaft gemacht werden müsse. Auf dies hin kehrten Hutstocker und sein College, ohne den schriftlichen erläuternden Befehl des Kaisers abzuwarten, nach Wien zurück.

Nicht so rasch gedachte der Stadtrath den Kampfplatz zu verlassen, besonders da jetzt auch die Landstände im Hinblick auf die ihnen zugesagte Glaubensfreiheit dazwischentraten. Wichtigerer Angelegenheiten halber, die den Kaiser nach Speier riefen, trat bis zum Herbste 1570 ein Stillstand in dieser Sache ein.

---

[1]) Beilage Nr. VI.
[2]) Beilage Nr. VII.

Der Widerstand des Stadtraths dauerte trotz der entschlossenen Sprache der Briefe aus Speier[1]) fort. Das Schreiben vom 11. October[2]) enthält das Verdict der Religionsfreiheit in Wien und den übrigen Städten und das unbedingte Gebot der Anerkennung der geistlichen Jurisdiction, sowie der Hintanhaltung jeder wie immer gearteten Neuerung. Die von Seiten des Stadtraths abermals versuchte Rechtfertigung, die schon früher durch die Anstellung des Adam Heller bei St. Marx, eines entlaufenen Jesuiten und „lesterlichen Menschen", in den Augen des Kaisers viel an Kraft verloren hatte, erzielte nur insofern einen Erfolg, als die befohlene Absetzung[3]) des Pfarrers nicht zur Ausführung kam, sondern derselbe im Genusse seines Beneficiums belassen wurde, wogegen er sich jedoch des Predigens und der Ausspendung der Sacramente enthalten musste. Das dem Stadtrathe zustehende autonome Besetzungsrecht der Pfarre zu St. Salvator fiel demnach zum Theil einer Intrigue, hauptsächlich aber der veränderten Gesinnung Maximilian's zum Opfer.

---

[1]) Beilage Nr. VIII.
[2]) Beilage Nr. IX.
[3]) Beilage Nr. X.

BEILAGEN.*)

I.

Maximilian der Ander, von Gottes Genaden erwelter Röm. Kayser, zu allen Zeiten Merer des Reichs.

Ersam weis besonders lieb vnd getreuen! Uns khumbt von vilen ansehenlichen beglaubten vnd stattlichen Orten für, wie alsbald nach vnserem nehsten Verruekhen von Wien, ein Predicant oder Pfarrer in der Khirchen ad Salvatorem daselbst aufgestanden, welcher sich (sonder Zweifels mit Eurem Vorwissen und Zugeben) nit allain offentlich zu predigen vnderstanden vnd in solchen seinen Predigen des hochverpottnen vnpriesterlichen vnd ergerlichen Calumnieren, Schmehen vnd Lesteren, neben Gebrauchung manigfaltig vngewonlicher Neuerung vngeschikht vnd sectisch bevlissen, sondern auch zu Anstiftung noch mehrer Vnrue andere mehr sectische Priester eben seiner Confession, Art vnd Aigenschaft zu sich gezogen, vnd ime dadurch berais von dem gemainen Statt- vnd Handwerchsvolkh ainen solchen Concurs vnd Zulauf gemacht, dass derselb nach Gelegenheit des Orts, pald ainen grossen Schaden vnd Nachtail bringen vnd verursachen khan, inmassen dann bei der Thumbkanzl zu Sanct Stefan wol erschwert, dass vast vnd

---

*) Die Orthographie dieser Documente ist zu grösserer Bequemlichkeit des Lesers vereinfacht und gleichmässiger durchgeführt worden.

in was Menig das Christliche Volkh von dannen abgestossent vnd gezogen, sintemal die Son- vnnd feiertäglichen Predigen daselbst bei weitem nit mehr in solcher Anzal und Menig, als hievor, besucht wird.

Nit wissen wir ob solcher Predicant oder Pfarrer daselbst ad Salvatorem oder ein anderer, ob auch derselb vor vnserm Verruekhen von Wien alda gewesen vnd gebredigt hab, oder ob es ein anderer ist. Aber in vnserem Aldasein haben wir dergleichen nit gehört, als dass wir dis noch gedenkhen, wo es der Pfarrer daselbst wäre, dass er villeicht yezo auf vnser Abwesen sich aines mehreren vnderstee vnd vermesse, als er in vnserer personlichen Gegenwirtigkeit thun dorffen. Es sey aber der Pfarrer oder ein neuer Predicant, er hab sich auch hieuor gehalten wie er wolle, so muess es ain fast beser unartiger vnd frevenlicher Mensch seyn, dass er sich dergleichen, auf den Trost vnsers yezigen Abwesens, one allen Scheuch vnserer hinderlassnen neclist nachgesezten Obrikheit vndersteet, dene wir dis Orts in oder ausserhalb der Statt by khainer Canzl werden gedulden noch wissen khunden, vnd hetten vns zu euch nit versehn, dass ihr werd in vnserer personlichen Gegenwirt, vil weniger in vnserm Abwesen, dergleichen Predicanten auf Pfarren in vnser Statt Wien fürdern, noch ime disem Calumniatorn sein Schmehen, vnverlaubt Lesteren, gebrauchende neiwe vnd sondere Ritus und Caeremonien, dass er auch noch andere mehr dergleichen Gesöllen zu sich ziehen, vnd ime dordurch von dem gemainen, armen vnd vnverstendigen Volkh (das sich dan alwegen zu solchen Verfierern leichtlich als zu denen, dafon sy Nuz vnd Frucht zu empfahen, lockhen vnd bewegen lasst) zu Verachtung vnd Schmelerung der yezigs Zeits dannocht also bestöllten Thumb-Canzl, der man sich darob billich zu ersettigen ainen nachtailigen Zulauf machen thuet, gut haissen, zusehen vnd gestatten sollet, da ihr euch doch zu erindern wisset, wie oft vnd gar neulichist wir euch desshalben insonderheit vnd mit genedigem Vleiss ganz

ernstlich vermant, ir euch auch gegen vns erbotten, vnd
zweiflen gar nit, euch seye solches ganz vnverborgen gewesen,
darumben vns nit unbillich desto frembder, euch auch wol-
gebiert hette, ine denselben Calumniatorn vnd sectischen
Predicanten sambt seinen Consorten, vnerwart vnsers Beuelchs,
von euch selbst nit allain lengst abzuschaffen vnd es zu khainem solchen gemainen Zulauf khumen zu lassen, sondern auch
also zu strafen, damit er dergleichen vorthin zu thun, oder
sich so nahent Wien nider zulassen vnd seinen vnartigen
hochschedlichen Samen auszustreuen gar nit Vrsach gehabt
hette, vnd des vmb so vil mehr, weil euch vnverborgen ja
entlich dahin zu sehen obligt vnd gebiert, dass etwo aus dergleichen dem gemainen Volkh vnd Handwerchsgesindt für
Nachtail zu entsteen pflegt, vnd wie pald der Gehorsamb
gegen der Obrikheit von solchen Schreyern vnd Lesterern ge-
schwecht wirdet, vnd sonderlich weil wir dergleichen bisher
bevorab in der Nahent umb Wien nie gelitten, dess wir vil
weniger dasselb gut haissen oder gestatten werden.

Derhalben wir auf dis alles, so beuelhen wir euch hiemit
genedikhlich vnd ernstlich, dass ir denselben Pfarrer oder Predicanten sambt seinen Midthelfern alsbald in Angesicht dis,
vnd eben in der Stundt, darinen Ihr diesen Bevelch empfahet,
von der Pfarr vnd Selsorg genzlich vnd mit Ernst abschaffet
vnd amoviret, verner mit nichts geduldet, vil weniger zu anderen Selsorgern oder Predicatorn eurer Lehenschaft befür-
deret, damit wir nit Vrsach haben, gegen denselben selbst ge-
bierend vnd wolgezimend Einsehen (dessen wir als bald yezo
wolbefüegt wären) fürzunemen.

Nichtsweniger aber sollet ir uns alsbaldt vnd vnge-
saumbt ausfürlich berichten, woher solcher Predicant pürtig
vnd khumen, in wes Officio er zuuor gewesen, was Er auch
für testimonia seiner studia, Lehr, Leb vnd Wandl habe, wer
ine also zu dieser Pfarr befürdert, vnd auf wess Schuz vnd
Verdädigung er bisher sich so ungeschickht vnd vnleidenlich
gehalten, was auch die Ursach sey, dass ir ime dasselb bis-

her also zugesehen vnd nit für euch selbst Wendung gethan, oder es an vns oder vnser nach vnd euch fürgesezte Obrikheit die Regierung gelangen, inzwischen solche Pfarr ad Salvatorem vnersezt lassen vnd vnsers genedigsten Beschaids erwarten, vneracht ob eures Berichts, es sey derselb so gut als er wolle, mit Abschaffung vorsteendermassen fürgeen.

Benebenst legen wir euch hiemit genedikhlich vnd ernstlich auf, wo bey den andern Pfarrn eurer Lehenschaft, es wäre nun im Bürger Spital, zu Sanct Marx od anderer Orten in vnd ausserhalb der Statt, ebenmessig Calumniatores vnd zum Predigen vntaugliche vnd vnbeschaidne sectische Personen wären, dass ihr dieselben gleichsfalls weder aufhaltet noch höret, sondern alsbald abschaffet vnd die mit solchen gelerten erbarn beschaidnen gottsforchtigen vnd catholischen Priestern versehet vnd bestöllet, die aller Secten und Neuerung in Lehr vnd Kirchen-Ceremonien frey sein, sich eines briesterlichen Thuens befleissen, ruhige vnd friedliebende Gemieter haben, den Gehorsamb gegen Gott vnd der Obrikheit pflanzen, vnd welche zuvor ihre formata vnd testimonia zur Notturft vnd völligem Geniegen fürlegen, dann in solchem Fall sicher vnd geworsam zu geen yeziger Zeit mehr dan ye von Nöten.

Das ist also vnser endlicher Willen vnd Begeerung. — Geben auf Vnserm khun. Schloss Braag den achtvndzwanzigisten Tag January Anno im 70st, Vnserer Reiche des Römischen im Achten, des Hungerischen im Siebenten vnd des Behamischen im Ainvndzwanzigisten.
  Maximilian.

Ad mandatum sacrae
Cae^{sae} M^{stis} proprium
P. Vnuerzagt

Aufschrift:
Denen ersamen weisen unsern besondern lieben und getreuen, Burgermaister Richter vnd Rate vnserer Statt Wien.

II.

An die röm. khay. Mst.

Allergenedigster Herr! E. röm. khay. Mjst. genedigsten vnd ernstlichen Bevelh hieneben mit den Pharrer ad Saluatorem bey vns allhie betreffend haben wir in schuldigister Vnderthenigkhait vnd gebierender Reverenz emphangen, aber mit hochster Herzenbetriebnus vernomen, dass wir one Ursache vnd vnschuldiger Sachen soliche widerwärtige Leyd haben vnd im Werkh erfaren, die vns so hässlich in R. Mjst vnsern allergenedigisten Herrn vnd Erblandfursten mit derlay Ungleichhait einbilden sollen. Wir khunen vns ja vnderthenigist wol erwinden, was E. R. khay. Mjst vns neuerlichist in Sonderheit mit ganz ernstlichen Vlaiss ermant vnd gnedigist beuolhen, was wir vns auch in schuldigister Gehorsamb vnderthenigist erbotten, vnd sind diser trestlichen Hofnung, das Werkh solle auch zeugen, dass wir denselben hechstes Vleisses mit allen vnsern eusseristen Vermugen gehorsam sind, wie wir vns dann des auch vnderthenigist schuldig erkhennen, nachkhomen, dann wir wol wissen, auch aus der Erfarenhait erlernt, wie bald durch die Sectirer, Schreyer vnd Lesterer die Lieb vnd der Gehorsamb gegen der Oberkhait erlesche, wo auch solicher Unfall neben andern vnsern Obligen zueschlagen solle, da Gott vor sey, was es endlicher für ain Ausgang gewinnen mechte.

Nun bezeugen wir aber mit Gott die hechsten Warheit, dass wir khainen anichen Menschen Ursach geben, vns dermassen vnd so ungleich bey E. Röm. khay. Mst. fürzubilden, als ob wir eben E. Mst Verruckhen erwartet vnd solichen vnbeschaidnen Unfueg, wie E. Röm. Khay. Mst durich vnsere Widerwertige fürbildet, fürgenumen hetten. Damit aber E. Röm. Khay. Mst. auf derselben ernstlichen Beuelh genuegsam vnd grundlichen Bericht emphahen, wie es dises Pharrers halben ad Saluatorem geschaffen vnd ain Gestalt hab, so erinnern E. Röm. Khay. Mst wir vnderthenigist, dass er Balthasar Freyunger seiner ehlichen Gebuert aus der Stat Passaw purtig, in seiner Jugend anfangs alhie zu Wien ain Zeit lang, hernach aber den merern Thail auf Inglstat studirt, seiner Studien vnd Lebens ehrliche guete Gezeugnus hat, hernach anno 40 ist er im Erzbisthumb Salzburg durch Herrn Doctor Hyeronimo Beidting Bischoffen zu Khiembsee zu ainem Briester ordenlich gewaiht vnd ordinirt worden, darauf auch im 47 hat im weiland Bischoff Wolfgang zu Passau die Pharr Waizenkhirchen zwischen Peurwach vnnd Eferding, in E Mjt Erzherzogthumb Oesterreich ob der Enns gelegen, eingeben, alda er 13 ganzer Jar lang verbliben, sich erbawlich priesterlich cristlich vnd wol verhalten, wie ime dann des wolermelter Bischoff säliger gedechtnus in einer ime gegebenen Confirmation (hieneben B) ware guete Gezeugnus gibt, des Original wir selbs gelesen vnd bey der Hand haben, wie auch dessen wolermelter Herr Bischoff zu Gurgg guettes Wissen tregt. Als im aber der enden zu Waizenkirchen von dem durichraisenden Khriegsvolckh, sunderlich weliches wailand der durichlauchtig vnd hochgeborne Fürst vnd Herr Herzog Moriz zu Saxen Churfürst durich gefuert, vast merkhlich vnd grosser Schaden beschehen, hat er dieselb Pharr widerumben ordenlich resignirt vnd hernach in die Statt Wels khumen, alda er Phillipp Staudingers Beneficium vier Jar lang innen gehabt, dabey er sich auch erbavlichen, priesterlichen vnd vnergerlich verhalten, wie dann wolermelter Herr Bischoff zu Gurgg seines

Woluerhaltens wegen im herab auf Wien zu ziehen bewegt
vnd ferner bey vns, zur Zeit da Hans Vbermann Burgermaister gewesen, so hoch commendirt, dass wir ine Herrn Balthasar gen Sannd Marx zu den armen Leuten aufgenomen,
alda er sich mit Predigen, Raichung der hochwirdigen Sacramenta vnd sonsten in seinem Wandel so erbavlich,
priesterlich vnd vnergerlich verhalten, dass wir in dem
Werkh als befunden haben, dahin er von wolermelten Herrn
Bischofen von Gurgg bey vns commendirt worden. Als aber der
guet Man aines zimblichen Alternumer über 63 Jar etwas
muethschwach vnd zytteret worden, dass er bey den Khran-
khen zu S. Marx den üblen Geruch von den armen scheuch-
lichen petrisigen Leuten lenger nit wol erleiden mügen, ist
er vngeferlich vor dreyen Jaren zu diesem khlainen Phärrlein
Ad Saluatorem vnser Lehenschaft befurdert vnd angenomen
worden, alda er sich bishero so beschaidenlich briesterlich,
geschickht wol in Predigen auch Raichung der hochwirdigen
Sacramenta vnd sunsten verhalten, dass im billicher Weise vnglimpflichs nichts zugelegt werden müge. Wir lassen vns
aber an alle seine Zuherer, darunter zum Thail nit gar gemaine Leut, sonder E. Khay. Mjt ansehenliche Rät, Diener vnd
Landleut sein, die werden bey irem Gewissen vnd Säligkeit
bekhennen muessen, dass er in seinem Predigen so beschaiden,
sanftmuetig bey dem lautern Text des heyligen Evangeli be-
leibt, dass man nit ain anichs vnglimpflichs Wort heret, sunder
wie das Alter, darin er ist, seiner Art nach mitbringt, ganz
holdsälig vnd one alle Verrückung auch maniglichen Repre-
hendirung einfaltiglichen fuerbringt, dass vns in Warheit
gross Wunder nimbt, dass vnser widerwärtige E. Röm. Khay. Mjt
ängstliche Ungleichait wider so offene Geschicht des Handls fur-
zubringen nit Scheüch tragen, als ob diser pharrer sich in seinen Predigen des hochuerbottnen vnbriesterlichen ergerlichen
Calumniren, Schmähen vnd Lestern gebrauchen solle, so doch
bey disen alten Mann nichts vngewandter, wie meniglich, der
in hert, zeugen muess. Dann da derglaichen bey ime im

wenigisten je gespiert wär, er sollte eer abgeschafft sein worden, als dass E. Röm. Khay. Mjst füikhumen hette mügen. Hergegen aber der bestelte Predicant zu Sand Steffan vnd andere mer hie mit ihren offnen imerwerenden Calumnirung vnd Schmahung wol zu reformiren wären. Vnd hetten vns warhaftig nye besorgt, dass wir so hoche Widersacher haben, die vns mit solicher Unglaicheit bey E. Mt so hässlich einbilden sollten. So beschieht im dem guetten alten Man ferner vnguettlich, da er bey E. Mst. für ainen Sectirer, der vil Neuerung anrichten solle, eingebildet, dann er davon khainer nit ist, auch die alten Ceremonien in seinem Predigen vnd Raichung der Sacramenta braucht, wie wir ime dessen dann, vnd zwar sein ganze Khirchmenig, Zeugnis geben muessen.

Eben als wirdet sich nit befvnden, das er ainen ainigen sectischen oder andern Priester an sich zieh, bey ime oder sonsten aufhalte, noch predigen lassen, sonder wissen in so eingezogen, dass er auch seinen nechsten Nachparn wenig besuecht vollen geschweigen, dass er sich vmb frembde sectische Priester vmbsehen sollt. Wir halten vnzweiflich darfuer, er khenne im ganzen Landt khainen Predicanten, wie es auch das Phärrlein-Einkhomen nit ertrieg, dass er vile Priester oder andre Personen aufhielte, wie ime dann auch des, wo er sich dessen vnderstanden, durich vns khainswegs gestatt wurde, vmb so vil mer vns gar bekhümerlich velt, das vnsere Widerwärtige nit Scheuch tragen, mit solich wissendlich Ungleichait für E. Mst. zu khomen.

Ob wol nun E. Röm. Khay. Mt. aus diser warhaften Erzelung gnedigist vernomen, dass diser alt erlebt erbar Priester weder sectisch noch aniche Neuerung nit anrichtet, vil weniger aber in seinen Predigen weder calumnirt, schmechet, lestert noch ausrichtet, zum wenigisten aber anichen sectischen Menschen neben ime aufhelt, so haben wir doch alsbald vnd in Angesicht E. Mst. genedigisten Beuelch vnd zu derselben Stund den guetten alten Man das Predigen vnd Sacrament Raichen verpotten vnd den Lehenbrief, den er dises Phärrlein ad Saluatorem halben von vns gehabt, von ime genomen, wie wir vns dann auch vnderthenigist schuldig erkhennen, allem dem mit eusseristen vnserem Vermügen zu gehorsamen, das E. Röm. Khay. Mst. vns gnedigist auflegen, weil aber E. Mst. gnedigistes Wissen tragen vnd sunst meniglich vnuerborgen, dass bey so uil Menschengedenkhen bey disem khlainen Phärrlein ad Saluatorem je vnd albey gebredigt vnd die Sacramenta offendlich geraicht worden, vnd diser guet alt erlebt Man, gleich eben dass er jezt predigt vnd handlet, in E. Röm. Khay. Mst. khayserlichen Gegenwiert albey geprediget vnd gehandlet, vnd an dem allem das wenigist nit geendert, vil weniger in E. M. Abwesenheit sich jetzt anders od merers das sich nit gebiert vnderstanden, so bitten E. Röm. Khay. Mst. wir vnderthenigist vnd vmb Gottes Willen, E. Mst. die wellen sich wider vns durich vnserer Widerwärtiger vnglaich Einbilden zu Ungnaden nit bewegen lassen, inen auch wer sy seien khainen Glauben setzen, sonder vns zuuor auch allergenedigist hern, so werden sy vns, ob Gott will, albey gerecht vnd gehorsamist finden.

Wir muessen aber erachten, dass dis alles etwo von ir wenigen one alle befuegte Vrsachen herfleusst. Dann E. Mst. muessen wir vnderthenigist berichten, das E. Mst. Rat, Jacob Oexl, vnd der Chormaister bey Sanct Steffan allhie sambt etlichen mer irn Mituerwanden den 21. nechstuerschinens Monats Januari sich vnderstanden, disem alten erbarn Man das Predigen vnd Sacrament Raichen zu uerbietten, allermassen mit diser Auffuerung vnd Inzichten, wie wir aus E. Mst. vorgemelten gnedigisten vnd ernstlichen Beuelh vnderthenigist vernomen, dass E. Mst. durich vnsere Widerwärtige bericht worden. Und obwol sich der erlich alt Man dessen allen in Beisain zwayer aus vnsern Mittl gesantter gründlich vnd in faciem eorum entschuldigt, sy auch an solich Entschuldigung damalen ersettigt gewest sein vnd darwider nichts aufbringen mügen, so haben sy es doch bey irem beschechnen Verbott, dessenhalber sy doch weder von E. Khay. Mst. noch derselben

nachgesetzten hochen Oberkhait im Landt khainen ainichen
Beuelh nie gehabt, bleiben lassen, allain aus der Vrsachen
so sy offenlich vermeldet, dass der Pharrer ad Saluatorem
der Priesterschaft bey Sannd Steffan ier Einkhumen ent-
zeuche. Ob nun wol dem auch nit also, so haben wir
doch dem alten Man soliches Verpot zu gehorsamen beuolhen, der auch demselben also geduldiglich nachkhomen. Wir haben aber die Sachen alsbald auf sein Herrn
Balthasars an vns gestelt diemuetiges Suppliciren laut
Copie C an E. Mst. N. O. Regierung vnd Camer derselben
vns fürgesezten Oberkhait gelangen lassen, vermüg Abschrifft
mit D., darauf vns diser gnedig vnd cristlich Beschaidt E
erfolgt. Dann wolermelte Regierung vnd Chamer aus selbst
aigner gueter Wissenheit, als wie vorstet, die den Pharrer aines
Thails selbst gehert vnd wol erkhennen, im Grund befündet, dass
deren khainer als wie der erlich alt Briester durich obgemelte
vnsere vnd seine Widerwärtige vnbillich beschuldiget, vnd
zwar sy selbst vnsere Widerwärtige khunen mit anichen genuegsamen Schein nit darbringen, dass den wenigsten, so E. Mst.
durich ... furkhumen, also sey, vnd wolte der liebe Gott, dass
E. E. Röm. Khay. Mst. genedigiste Gelegenhait wär, dass sy
selbst persenlich hie sein khunden, so würden Sy vnserer
Widerwertiger Fürgeben gleich das Widerspil im Grund befinden, wie dann, da E. Mst. persenlich selbst hie wären,
vnsere Gegenthail sich nit heren durften lassen, dann sy
wol selbst gleich dise Gelegenhait erwartet, bis E. Röm.
Khay. Mst. verrukht, auf dass sy des mer Ursach hetten, vn-
verherter Sachen den alten ehrlichen Mann, so endlich aber
vns bey E. Rö. Khay. Mst. ganz vnbillich zu uerunglimpfen,
wie auch die unglaichen Anzaiger vnd des alten frumen Manns
Widerwärtige E. Khay. Mst. nachgesetzte hoche Oberkhait die
Regierung vnd Camer ganz schimpflich vnd verachtlich gehalten, da ire die hochloblich Reg. vnd Chamer, als die an
E. Mst. statt im Land sein, aus aigner gueter Wissenhait dem
Pharrer das Predigen vnd die heiligen Sacramenta zu admi-

nistrirn seinen Berueſ nach vort zu treiben gehaissen, sy vnsere Widerwertige aber, an solicher Verordnung nit zufriden vnd darüber E. Mst. mit diser wissendlich Vngleichait fürkhumen vnd zu ainem solichen harten Beuelch, darinne vnder andern die Wort sten: „Vneracht aber vnsers Berichts, es sey derselbe so guet als er welle, mit Abschaffung des Pharrer fürgen" rp. vnerfordert ier der Regierung vnd Chamer Bericht bewegen dürfen, das haben E. Khay. Mst. als ain hochstverstendigister Khayser allergenedigist selbst zu erwegen, so wie doch gleichsfalss auch der Pharrer in dem allen, so wir beschuldigt, Got Lob ganz vnschuldig vnd frey sein. Der liebe barmherzige Gott wolle vns wie bishero vorterhin auch als barmherziglich laiten, damit wir allem dem wören vnd fürkhumen mugen, welches zu dem wenigisten E. Mst. Misfallen geraten mechte. Der guet alt Man hat khainen andern Concurs, als den sein Alter, Sitzam- vnnd Sanftmuetigkhait macht, da etwa ainer in Seelsorgsachen lieber ine als ainen erlebten dann ainen Jungen zu Rat suecht. Sonst ist das Khirchlein ad Saluatorem an ime selbst so khlain vnd eng, dass es nit müglich, dass andern Canzln, wo man sich sonsten daselbst des vnnottürftig groben offenlich vilfeltigen Calumniren, Schmächen vnd Lestern (als vorstet) enthielte, dardurich villeicht das Volkh nit mer so gern bey Inen bleibt, sonst das wenigist selbe müg entzogen werden.

Damit nun der alt frumb Briester vngeherter nit verkhuerzt, vns auch so beschwärliche Zuelag von vnsern Widerwärtigen on Vrsach vnd gar vnuerschuld nit beschehe, so langt an E. Röm. Khay. Mst. vnser vnderthenigist vnd durch Gottes Willen Bitten, die wollen vns zu sondern khayserlichen Gnaden dise vnser warhafftig Anzaig vnd Endschuldigung mit seinen Einschliessen zu E. Khay. Mst. Gelegenheit selbst allergnedigist abhören, fürnemblich aber allergnedigist und väterlich erwegen vnd zu khayserlichen Herzen füeren die jezig gefärlich theure vnd Sterbenszeit vnd dass der gmain Mann sunst in vil Wege hart überladen vnd beschwärt.

da ime auch das Wort Gottes soll also vnbillich entzogen werden, dass nur merer Unwill vnd Gefärligkhait daraus zugeworden. Diewail wir dannocht vns je vnd albey zum hechsten beflissen, damit in derlay Sachen die pest Beschaidenhait gebraucht, auch auf allen Seiten gueter Frid vnd Ainigkhait erhalten werden, aber hinwiderumben aus solich .... Gemuet vnd Mainung anders nichts als Zerrüttung vnd Verpytterung der Gemueter vnd der cristlichen gehorsamen Gemain entsteen mechte, als hieuor auch gemelt, weliches E. Khay. Mst. nit gestatten, sondern bey disen widerwärtigen vnd frevenlichen Leuten zeitlich vnd ernstlich abstellen vnd fürkhumen vnd derhalben disen alten frumen unergerlich guetherzigen Briester bey dem geringen ime durch vns verlihnen Phärrlein vnd Einkhumen gnedigst erhalten vnd schüzen, — da aber E. Röm. Khay. Mst. ie andre gnedigiste Bedenkhen hetten, doch etliche vnpartheysche Commissarien gnedigist verordnen, die den oftgemelten alten Briester gebuerlicher Weise examiniren, sonsten auch seines Predigen, Sacraments-Raichen vnd Wandls gründlich Bericht einziehen, ine auf der Canzl selbst heern, vnd wann sich befindet (wie wir ganzlich hoffen), dass daraus khainen wie E. Mst. von vnsern Widerwärtigen vngleich fürkhumen, als dass der guet alt erlebt Man bey disem Phärrlein ad Saluatorem die klain Zeit seines Lebens gelassen vnd wir von diser pharrlichen vralten Gerechtigkhait durch vnsere Widerwärtige nit also gedrungen werden. Es befurdern auch E. Khay. Mst. gewisslich an dem Allen die Ehr Gottes vnd die Pillichait. Sein Allmechtigkhait werden auch ain vnzweiflicher reicher Beloner sein. Darumben herzlich zu bitten wollen wir vnser Lebenlang nit vergessen, E. Röm. Khay. Mst. zu derselben Khayserlich Gnaden vnd Schuz vns hiermit vnderthenigist bevelchendt, E. Röm. Khay. Mst.

    Vnderthenigste

    Burgermaister, Richter vnd Rat der Stat Wien für sich selbst vnd im Namen gemainer ganzen gehorsamisten vnd getreuisten Bürgerschaft daselbst.

Einliegend:

Herrn Balthasarn Freyungers Lehen vnnd Confirmationbrief vmb die Pharr Waizenkhirchen.

> Ist hiernev eingelegt vnd Herrn Balthasar das Original beyhendig.

Aufschrift:

An die Römisch. Khay. Mst. etc.
 vnsern allergenedigsten Herrn
  Vnderthenigste Supplication
II. Bürgermaister, Richter vnd Rat der Stat Wien fur sich selbst vnd im Namen gemainer ganz gehorsamisten vnd getrevisten Bürgerschaft.

> Den Pfarrer daselbst ad Salvatorem betreffend.

III.

Edler lieber getreuer! Nachdem wir Deine gehorsame guetherzige vnd ganz wolmainende Ermanungsschreiben vnd Bericht, von Deiner zu vnsern eignen Handen beschehen, den von vns abgeschafften Pfarrer ad Salvatorem in vnser Statt Wien betreffent, gnedigclich verstanden, haben wir der Sachen mit Vleis nachgedacht, vnd wiewol die von vns bevolne Abschaffung nit ohne Vrsach vnd genuegsamen, etwo auf plossen Wahn, sondern auf etlichen vilen beglaubten, vnd darum ansehnlichen vnd statlichen Ort Anzaigen vnd Anhalten erfolgt, wenn solches fast die ganze Zeit vnsers Alhieseiens, auch eh vnd zuvor noch die Vndersagung bei dem Pfarrer durch das Wienerisch Capitel beschehen, oder wie ich es darumben gewisst, bei vns getrieben worden, wie dann das Geschray seyn des Pfarrers vngepuerlich Verhaltens nunmehr an weite Orte gelangt, vnd er anderst nit, dann für ainen Calumniatorn, Anstiftern Neuerung vnd schedlichen Menschen ausgeben wirdet. — Zu Verhüetung allerhand Vngedult vnd vngleich Nachgedenckhens, vnd allain auf dainen guetherzigen getreuen vnd wolmainenden Bericht, Guetachten vnd Bedenkhen, des wir gewisslich anderst nit dann von dir aus treuem Gemuet vnd Hertzen herfliessendt vnd gemaint sein wissen, vnd vns darauf verlassen, vnd sunsten von Niemands andern wegen, auch vnerwert fernerer Erkhundigung, wollen wir auf Versuch vnd Wolgefallen, weil sonderlichen yetzo die heilige Fasten Zeit ist, in deren sich das Volkh mit dem Allmechtigen versönen vnd zum österlichen Fest zueberaiten solle, vngeachtet was sunst etwo darumben fur Zuemessung von vilen Orten beschehen möchte, gnediglich zuegeben, dass solcher Pfarrer ad Saluatorem zu diser Zeit aus Genaden, vnd bis auf vnser gnedigistes Wolgefallen, so lang er sich gepüerlich, zimlich vnd vnsträflich verhalten wirdet, doch nachfolgender massen widerumben predigen vnd sein priesterlich Ambt vnd Beruef nach Gepüer verrichten mag, damit also dise heilige Fasten vnd nahende österliche Zeit an notwendiger Seelsorg nit mangle, inmassen wie denen ersamen weisen vnsern besonders lieben und getreuen Burgermaister vnd Rat vnserer Stat Wien gnediclich zuegeschrieben. — Du sollest aber solchen Pfarrer vor Eröffnung diser vnser gnedigistin Resolution vnd Zuelassung für dich erfordern vnd ime lauten anzaigen, dass vns seiner Person halben von einer gueten Seit von ansehenlichen beglaubten Orten sovil Bericht seines vnschicklichen Verhaltens einkhommen, dass Wir wol Vrsach hetten, es nit allain bey der Abschaffung wenden zu lassen, sondern auch vns gegen ime der Gepüer vnd seinem Verdienen nach zu erzaigen, Wir wollen aber solches noch zur Zeit, auf die seiner Person halben merseltig bestens beschehen fürpitliche Intercession vnd Anhalten, mit Gnaden einstellen vnd demnach auf vnser gnedigistes Wolgefallen, sonderlichen vmb der yetzigen Heilign Fasten vnd annahenden osterlichen Zeit willen, ine widerumben zu Gepür und Seelsorg khomen lassen und es also mit ime versuechen vnd proben, wie Er sich verhalten vnd erzaign werde.

Es seie aber vnser gnediger ernstlicher vnd entlicher Bevelch, dass er sich vorthin in seinen Predigen, Administrirung der hochwirdigen Sacramenten, vnd andern Kirchndienst, auch Leben vnd Wandl gepüerlich, beschaidenlich, glimpflich vnd entlich also verhalte, wie es ainem frommen gotsfürch-

tigen vnnd eifrigen Briester, deme der Gehorsam so wol gegen
der geistlichen als weltlichen Obrigkait zu pflanzen, desgleichn
das Volkh in gueter Zucht, gotseligen Andacht, bruederlichen
Lieb, vnd in allen Dingn geduldig zu erhalten angelegen vnd
bevolhen, wol aignet und gepüert, Niemandts auf der Canzl
antaste, schmähe oder verdambe, sich auch aller sectischen
vnd verfürischen Lehre genzlich eüsere vnd in Verrichtung
des Kirchen-Gottsdiensts khainerlai Neuerungen vnd vngewönliche Ritus fürneme vnd gebrauche, vilweniger die hochw.
Sacramenta, wie er bezichtigt, in haimblichen Winkeln austaile
oder predige, dann er aigentlich wissen sol, das wir darauf
vleissig Achtung halten vnd lassen werden, vnd berait in
gewisse vnd richtige Wege bestellt haben, dass man all sein
Thuen, Lehr vnd Leben zu Kirchn vnd zu Haus nach-
forschen, vnd wo er disem in aim oder andern zuwider
oder auch sunsten ungepuerlich sich erzaige, dasselb vns
alspald zu wissen gemacht wirdet, werden wir nit vnderlassen
mit ime Andern zum Exempel nach Vngnaden zu verfaren,
dann wir weder dis Orts in vnserer Stat Wien, oder auch
in andern vnseren Steten khainen Predicanten oder Seelsorger
vngepuerliche vnd verfürische Lehr, mit Schmähung, Ver-
letzung vnd Antastungn der geistlichen vnd weltlichen Obrig-
kaiten vnd anderen Personen, oder auch frembde Kirchen-
Ceremonien nit zu gestatten gedenkhen, vnd sonderlichn wiss
er sich zu berichten, dass ime vnd jedem Seelsorger gebüre,
sein Lehr vnd Leben nit allain dahin zu stellen, damit er
dem armen ainfeltign Volkh gefalle, vnd das darmit ausge-
richt, dass er ime von demselben einen grossen Zuelauff mache,
sondern vil mehr, dass er die Laster vnd Sünde strafe vnd
hierinnen dem Allmechtigen Gott vnd seinem heilign Wort
ain Genüegen thue, wie wir vns dann anderst nit versehen,
vnd es darauf also noch dismals wagen vnd versuechen wollen.

Vnd dieweil wir Niemandts haben, der auf diese Dinge
Achtung gibt, vnd vns dessen zu jeder Zeit mit solchem
Grundt one Affection berichtet, darauf wir vns aigentlich zu

verlassen, vnd deme wir sicher zu glauben hetten, vnd doch hoch vonnöten, dass wir dannocht seines nachgereden Verhaltens bericht werden, wie vns dann obligt, dass villeicht (wie oftmals zu geschehen pflegt) solcher Pfarrer von diser vnser gnedigisten Zuelassung mehr halsstarriger, freudiger vnd verstockter, als pesser werden khan, auf welchen Fall dann vnsers gnedigisten Einsehens hoch vonnöten sein würde, vnd wir eben in Deiner Person einen solchen ganz gnedigist, volkhomen vnd vnzweivelich Vertrauen stellen, wie du von vns mehrfeltigs verstanden, vnd auch bey disem Fall wol abzunemen hast, dass wir allain auf Dein Guetachten vnd getreues Nachdenkhn solche Zuelassung wider Willen ansehenlicher Leut heftig Anhalten thuen, es auch vnser sondere Nodturft in dem Fall von solchen Orten Bericht zu empfahn, die vns hoch vertraut vnd angenemb, die Wir auch in irem Gemuet vnd Herzen also erkhennen, dass wir vns darauf keklich zu verlassen, wie dann gegen Deiner Person beschiecht, so begern Wir an Dich gnediglich, Du wöllest also auf ine Pfarrern Dein vleissige Achtung in seinen Predigen, Kirchn-Diensten vnd allem andern seinem Thun Leben vnd Wandl vnvermerkht geben vnd halten lassen, vnd wo du spüertest, dass er sich verändern, vnd mit Calumniern oder in ander Weg Vngepuer vnderziehen wurde, vns dasselb ausfuerlich, neben angehefftem Deinem Rat vnd Guetbedünken, fürderlichist zueschreiben, vns darüber mit Gehaben zu resoluiren. Wolten wir Dier also abermals vnder vnsers Hof Secretarien des Vnuerzagten Handen zur Antwordt zuschreiben, vnd bleiben Dir mit khai. May. in altem ganz gnedigen Vertrauen vnd Wolmainen zum pesten gewogen. — Geben Prag den 17. Febr. Ao. 1570. — An Statthalter zu Wien.

Adresse:

Der Röm. khai. Mayt. Schreiben an Herrn Statthalter der N. ö. Lande.

IV.

Maximilian der Ander, von Gottes Gnaden Erwelter Römischer Kaiser, zu allen Zeiten Mehrer des Reiches.

Ersam weiss besonders lieb vnd getreuen! Ir wisst Euch gehorsamblich zu erindern, was wir Euch jüngsthin wegen des Pfarrers ad Salvatorem vnschicklichen Verhaltens genedigist zugeschrieben vnd seiner Abschaffung halben ernstlich auferlegt.

Wiewol nun solches von vns nit one genugsame Ursachen oder auf plossen Wahn, sondern mehrfeltigen stattlichen Bericht, so vns von vilen ansehenlichen beglaubten Orten vor langem vnd ehe vnd zuuor vnsers wienerischen Capitels Inhibition eruolgt, noch wir darumben das wenigiste wissen gehabt, Einkummen beschehen, daher wir Vrsach genug es dabey genzlich wenden zu lassen. Yedoch auf so vilfeltige, sein Pfarrers Person halben an vns gelangte ansehenliche Intercession vnd Pitten, sonderlichen aber umb der yetzigen heiligen Fasten vnd Puess, auch zuenahenden osterlichen Zeit willen, damit dem christlichen Volkh an der Seelsorge nit mangle, oder sich dasselbe so hoch zu beklagen hab, haben wir vns vermögen lassen vnd zuezugeben bewilligt, dass er Pfarrer ad Saluatorem, auf verner Versuechen vnd vnser genedigist Wolgefallen, widerumben zu der Seelsorge gelassen werden mag, doch ime ain Fürhalt vnd Einsagen gethan werden solle, wie er der Pfarrer von vnserm Rath vnd Statthalter vnserer Niderösterreichischen Landen aigentlich zu vernemen.

Wann dann vnser Mainung genzlich, dass wir weder disem Pfarrer noch Yemants andern, in oder ausserhalb vnserer Statt Wien, auch im gantzen Lande, das hochverpottne verfüerische vnchristliche straffmessige vnd vnpriesterliche Calumnien vnd Schmehen auf offentlichen Canzlen, also auch in dem andern Gottsdienst vnd sonderlichen Administration der Sacramenta vngewönliche Newerungen nit gedulden künden noch wöllen, wir auch der gemainen Erfahrung nach allenthalben laider nichts bessers, dann der Vngehorsam vnder dem Volk gegen irer Oberkeit vnd gemaine Verhassung, Verpitterung vnd daraus entsteende Vnruhe ervolgt, so bevelhen wir Euch hiemit genedigclich vnd ernstlich, dass Ir auf solche vnser genedigiste Vergönn vnd Zulassung bei ime dem Pfarrer mit allem Ernst an vnd ob seit, da Er sich der hieuor bezichtigten vnartigen Vngebür, so lieb Euch vnd Ime seye vnser schwere Vngnad vnd Straf zu uermeiden, genzlich vnd allerdings enthalte, in seinen Predigen alle guete Glimpflichkeit Beschaiden- vnd Gebürlichcit, wie friedcliebenden Seelsorgern zuesteht, gebrauche, damit wir nit Ursach zu schöpfen aines zum andern zu nemen, vnd vns hierunder also zu erzaigen, wie es die Notturft eruordere, daran sich auch yeder Nachkummender stossen wirdet. Dann wir Euch genediclich nit verhalten wöllen, dass wir berait auf vnser zugelassen verner Versuchen vnd Prob, vleissiges Aufmerken sein Pfarrers halben bestölt, vnd vns an gründtlichem Bericht zu keiner Zeit manglen wirdet, vnd damit er der Pfarrer desto mehr Aufsehen vnd Sorg habe, so kan nit schaden, dass Ir Yemants aus Eurem Mittl vnpartheyischen verordnet, welcher seinen Predigen abwarte, die verneme, vnd Euch allwegen guete Relation thun khunde, dann nit genueg dass man sagen will, er sey für einen frumen Mann beschrien vnd habe ainen grossen Zuegang, sintemal yedem Seelsorger gebüret, nit allain also zu predigen vnd dahin zu sehen, dass er dem Volkh gefalle vnd von demselben ainen grossen Zuelauf erlange, sondern dass er fürnemb die Sünden strafe, zur Puess vermahne, die Lieb des Nechsten vnd andechtige Gebet befürdere, den Gehorsam gegen baider geistlichen vnd weltlichen Oberkaiten rhüeme, vnd was zur Seeligkait auch zeitlicher Wolfart von Nöten ist, ime treulich angelegen sein lasse, angesehen dass bey yetziger Welt Zeit das Volck so irr, dass sich der Zuegang gar bald vnd vil ehe zu denen, da es nit sein solle, als da etwa Nutz an Leib vnd Seel zu empfahen, errege.

Wann nun solches von ime dem Pfarrer beschiecht, so wöllen wir vns mit ime auf so ansehenliche Intercession vnd Euch zu Gnaden genediglich gedulden, wo wir aber das Gegenspil erfaren, ine nit alain plösslich, wie yetzo geschehen, abschaffen, sondern auch mit ernstlicher Straf gegen ime verfaren, darnach Ir Euch zu richten.

Insonderhait versehen wir vns, ist auch also vnser genediger vnd entlicher Willen, dass Ir die andern ewer vndergebne Predigstüel als in baiden Spitalen zu Wien vnd Sanct Marx dise heilige Zeit der Notturft nach also bestöllet, wie wir Euch jüngsthin vnder andern auferlegt vnd bevolhen haben, wolten wir Euch gnedigclich nit verhalten vnd beschiecht an dem allem vnser genedige Mainung.

Geben auf vnserm Kuniglichen Schloss zu Prag den Sibenzehenden Tag Februarii Anno im Sibenzigisten, vnserer Reiche des Römischen im Achten, des Hungerischen im Siebenden, vnd des Behaimischen im Zwayundzwanzigisten.

Maximilian

Ad mandatum sacrae Caes^{ae}
Mstis proprium
P. Vnverzagt.

Adresse:

Denen ersamen weisen vnsern besondern lieben vnd getrewen Burgermaister vnd Rath vnserer Stat Wien.

V.

Von der Röm. Kay. Mat. etc.,

vnserm allergnedigisten Herrn, ist Denen von Irer Kay. Mat. Statt Wien alher Abgesanten, auf Ir anfangs gethan mündlich Fürbringen vnd volgends überraichte schriftliche Entschuldigung betreffend den Pfarrherr ad Saluatorem in Wien, genedigclich anzuzaigen, dass Ir Kay. Mt. solche Schrift nach lengs verlösen gehört, vnd geben darauf Inen den Gesanten zu Beschaid, nachdem Ir Rom. Kay. Mat. sich berait, vnd noch vor Irem der Gesanten Alhergelangen in Sachen gnedigist resoluiert, vnd denen von Wien Ir entschlossene Mainung zuegeschrieben, daraus sy wol verstanden, aus was Vrsachen von Irer Kay. Mat. die Abschaffung ervolgt, welche Abschaffung aber nunmehr geändert vnd der Pfarrherr zu der Administration gelassen worden, doch dass er sich ganz beschaidenlich glimpflich vnd vnstreflich erzaigen, auch aller Newerungen, vngebreüchigen Ceremonien vnd Antastungen auf der Canzl vnd sonsten genzlich vnd bey Irer Kay. Mat. höchsten Vngnad vnd Straf enthalten solle, so lassen es Ir Rom Kay. Mat. bey demselben mit Gnaden allerdings wenden, vnd versehen sich zu denen von Wien, haben auch das ganz gnedige vnzweifelig Vertrawen, sy werden sich so wol in dem als anderer Fälle aller Gebier vnd Schuldigkait selbst also zu weisen wissen, damit Ir Röm. Kay. Mat. weder dis Orts ad Saluatorem noch auch anderstwo auf Iren Collation vnd Lehenschaften Einsehens vnd Änderung zu thuen nit Ursach gewinnen.

Sonsten haben Ir Rom. Kay. Mt. auf sy die von Wien kain Vngnad gefasst, sonder seyen Inen vorthin wie bisher mit kayserlichen Gnaden gewogen, vnd gedencken in allem gemainer Statt Nutz, Aufnemen vnd Bestes gnedigclich zu fürdern, sy auch vaterlich zu erhalten vnd Ir gnedigster Kaiser vnd Herr zu bleiben.

Welches sy die Gesanten iren Eltern des Rats anzaigen sollen.

Per Imperatorem prima Martij
Anno 1570
P. Vnverzagt.

VI.

Edl hochgelert treuest ersam fürsichtige vnd hochweis etc. vnd gepietende Herrn! E. sein vnser gepürliche schuldige willigiste Dienst albey zuvoran berait. Wir haben E. Schreiben vom sechsundzwanzigisten February an gestern Abends bei der Post empfangen vnd erstlich mit Freuden daraus verstanden, dass Herr Pfarrherr ad Saluatorem widerumben so ehrlich vnd ruemblich in seiner Pharr Possess khomen vnd sich in Predigen vnd allem gepüerlich glimpflich vnd recht helt. Sy haben zu Hof khainen andern Behelf vnd Ausred, als ob er calumniert vnd die Leut ausrichtet; das werden E. Ime wol einzupinden wissen, vnd er seiner getreuen Art vnd grossen Beschaidenhait nach sich gehorsamlich wol verhalten wirdet. Dardurch muessen die andern seine Gegenthail alle mit Schand vnd Spot bestehen. Wir haben noch auf dise Stund der khai. Mst. Beschaid vnd Antwort in diser Sachen, desgleichen was die Schulden vnd derselben Verweisung betrifft, khain aigentliche Erledigung empfangen. Das Rennen, Stechhen, Thurnieren Tanzen vnd Pankhetieren verhindern vns bisher daran.

Die Fürsten sollen ainsthails morgen vnd bis Montag oder Erchtag hinweg, alsdann werden die Parteien etwas mehrers gefertigt werden mügen.

Wir haben gern gehört, dass E. der Passbrief vmb die

fünfhundert Mut Getraid zuekhomen, wie vns Herr Strein selbs gesagt, er hab denselben E. vberschickht, vnd dass E. mit dem Herrn Graff Juliusen vmb dreihundert Mut Getraids alberait den Khauf beschlossen; es lautet hie wol, wann wir solches der Khai. Mst. vnd den Räten anzaigen. Wann wir widerumben mit Gottes Hilf gen Známb khomen, wollen wir E. Beuelch dem Bursa oder seinem Schwcher auch mit Vleis ausrichten. Dass die Wolfsprücken pald gar fertig werden solle, lautet zu Hof gar holdselig. Die Khai. Mst. fragen gemainiglich vmb solch Ding; hierinnen werden E. die Sachen sovil möglich befürdern lassen. Gott Lob dass dem frumen Man Herrn Pruckmaister das zuegestandene Vnglück dannocht dahin gerathen, dass er nit ertrunkhen ist. Wir haben von allen Räten vnd Secretarien guete Wort vnd Zuesagen. Wir wollen auch an vnserm getrewen embsigen Sollicitiern warlich nichts müglichś erwinden lassen. Der Fuerman hat die Wein recht vnd vnuerderbt hieher bracht. Vischung halber der Statgraben haben wir noch anheut auch ain Schriftl gestellt vnd der Khai. Mst. durch Herrn Vnuerzagt, der zuvor in diser Sachen auch Secretary gewest, vberraichen lassen, verhoffen darauf gnedigisten Beschaid zu erlangen. Wollen hierinnen gleichesfalls allen möglichen Vleis fürwenden.

Wir muessen aber E. betrüeblich klagen, dass nemlich mir Jglschauer vor zwaien Tagen vnd in der Nacht ain gar grosser vnversehenlicher Vechtung, reüerenter zu melden, rechten Fues die gross Zchen vnd Riss khümen, dass ich die erst Nacht kainen Augenplick schlafen khunden; mir ist aber der Fues dermassen rot vnd geschwollen, das er glitzert wie ain Spiegl, ich khan noch nit darauf treten. Gott der Herr wais, was daraus werden wil, prauche noch nichts darzue, gib Niemands als der grossen khelten vnd pösen Wetter vnd Weg die Schuld. Ich bin nun ain alter Knecht, mir ist auch nur bekhumerlich, dass ich nit solt ferren selbs mit dem Herrn Doctor meinem günstigen Herrn vnd Schwagern alle Sachen zu Hof notdurftiglich sollicitieren vnd ins Werk bringen khünden, er vertrit sein Person vnd umb khranken gar vberflüssig vleissig. Der allmechtige Gott wais allein, wie ich widerumben gen Wien khumen werde, sein göttliche Allmechtigkait wolle sich meiner erparmen vnd mich nur nit hinder dem Herrn Doctor Huetstockher bleiben lassen. Ich hab zu Prag nichts zu thun, solle ich halbe todt mitfaren, so khan ich nit bleiben. Ob nun der Herr Doctor Huetstocker ainen oder zwey Tag mir zu Güeten lenger hie verzüg, bis ich raisen möchte, wiewol wir besorgen, dannocht alle Sachen in der Zeit nit gar zu expedieren sonder ains Thails hinder vns zu lassen. Wir haben jetzo nichts Newes als dass noch mer Fürsten hieher khümen sollen; wann Ir Mst. hinweg sollen, ist noch vngewiss. Man redet wol vom Reichstag, ob er aber gewiss oder nit, wirdet die Zeit zu erkhennen geben.

Sunst redet man von Thünis noch, dass es gewiss verlorn sein solle; das wirdet fürwar dem Khünigreich Hispanien, ja ganzer Christenhait gar nit zu Nütz khümen. Wann vns der Allmechtige anhaimbs hilft, wollen wir von allen Sachen erbare vnd getrewe Relation thüen, wo sich auch hiezwischen was merers begäbe, dasselb E., da es vonnöten, hinabschreiben. Das alles haben wir E. auf derselben nechst Schreiben zu gehorsamen Bericht nit wollen verhalten. Hiermit vns alle der Gnaden Gottes beüelhen. Datum Prag den dritten Martii Anno im Sibenzigsten.

E.

    Gehorsam vnd willigiste
     Johann Huetstockher D.
      F. Igelschauer
       der eltre.

Adresse:

Denen edlen hochgelerten treuesten ersamen fürsichtigen vnd hochweisen Herrn N. Bürgermaister Richter vnd Rat der Statt Wien vnsern etc. vnd gunstigen lieben Herrn ze Handen.

3. März 1570.

VII.

Edl hochgelert treuest ersam fürsichtige vnd hochweis etc. vnd günstige liebe Herrn! E. sein vnser gepürliche gehorsame freundliche willige Dienst jeder Zeit zuuor. Wir khünnen E. mit höchster Betrüebnus gleich in grosser Eil vnd Betrüebnus vnangezaigt nit lassen, ob wir wol aus Gnaden Gottes vnd vber vnser getrewe manigfaltige gehabte Mühe bei der Röm. Khay. Mst. in denen dreien nötigisten Sachen, nemlich Verweisung der lang angestandnen Schulden, des Pharrherrn ad Salvatorem vnd das Ge(sch)rey vmb die piata forma mit Gnaden expediert worden vnd entlichs fürnemen gewest, morgen früe im Namen Gottes von hie anhaimbs zu verruekhen, wie wir dann alberait an heut vnsere Wagenross af Behmischen Proedt abgefertigt, daselbst vnser zu erwarten, vnd Herr Kieringer mit seinen Rossen vns daselbst hinfüren zu lassen zuegesagt, so khumbt vns gleich in diser Stundt von Irer Kai. Mst. ain Inhibition, dass wir lenger hie bleiben vnd ausser Iren Mst. Beuelch nit verruckhen sollen, welches mir D. Huetstockher durch den Herrn D. Zasy Vicehofcanzler also auch wie mündlich beuohlen worden, dann ich Iglschauer seit Pfinztags wegen Verlezung meines rechten Fues aus dem Haus nit khomen mügen, vnd khünnen khain andere Vrsach nit verstehen, dann dass ain Pfaff von Sandt Steffan in ainem allhie, welcher den frumen

Man Pharrhern ad Saluatorem von neüem mit grossem Vngrund hinangeben, ja nit allain Ine, sonder den Herrn Statthalter, die ganz Regierung vnd Camer, auch andere Herrn vnd Landleut zum höchsten diffamiert. Demselben Pfaffen wirdet villeicht merers dann E. vnd vns allen hierin geglaubt. Dann er der Pfaff Ir Khai. Mst. für gewiss einpildet, als solte in dem Capellel ad Saluatorem nie offenlich, sonder mit geschlossner Kirchthüer gepredigt worden sein. Das Widerspiel ist E. vnd meniglich gar offenbar. Nun wais Gott, wann vnd wie wir vnsere redliche Abfertigung haben werden, muessen also der Zeit erwarten vnd Gott dem Allmechtigen den Handl beuelhen. Das haben E. wir in vil zu clagen nit vnderlassen wollen, damit vns alle Gottes Gnaden beuolhen.

Datum Prag den 7. Marty Anno 70.

E.
    dinstwillige
        Johann Huetstockher D.
           als
        R. Iglschauer
        der älter.

Adresse:

Denen edlen hochgelerten treuesten fürsichtigen vnd hochweisen Herrn N. Bürgermaister Richter vnd Rat der Statt Wien vnsern etc. vnd gepietenden lieben Herrn zehanden.

VIII.

Maximilian der Ander, von Gottes Gnaden Erwelter Römischer Kaiser, zu allen Zeiten Mehrer des Reichs.

Ersam weis, besonders lieb vnd getreuen! Ihr wisst Euch zu erindern, was von vns neulichist zu Prag Euch, zu Handen Eurer Abgesandten, für ain schriftliche vnd mündliche Antwort wegen des Beneficiaten ad Saluatorem in vnser Statt Wien ervolgt, vnd hernach, als Eure Gesante den mündlichen Fürhalt nit recht verstanden, zum andernmal vnsern endlichen Willen durch die Edlen vnsere liebe getreuen Leonhardten von Harrach den Elteren, Freiherrn zu Rorau, vnd Joachim Herrn zu Seenkirchen, Statthaltern, beede vnsere Räthe, erclert, nemblich, nachdem vns wider denselben Beneficiaten von ansehenlichen vnd mehr vnderschiedlichen Orten sovil Bericht einkhummen, dass er nit alain vngelert, sondern auch auf der Canzel mit Antastung vnd Schmehung der hohen vnd nidern geistlichen Oberkeit vnbeschaiden sey, dessgleichen dass er allen Cultum divinum vnd die alten Khirchen-Ceremonien verwerfe, die Hochwirdigen Sacramenta nit nach Ordnung der Kirchen austaile, vnd dardurch das gemaine Volk von den Thumb-Pfarr vnd andern Stiften zu sich ziehe, welches alsdann andern vngelerten Priestern zu gleichmessiger schedlicher Nachvolg Vrsach gibt, dass demnach vns (vngeachtet der auf Wolgefallen beschehnen Widereinsetzung) nit gemaint, ine Beneficiaten in der Pfarre allda zu gedulden, sondern vilmehr vnser Willen vnd Beuelch sey, dass Ir Euch fürderlich vmb ainen andern qualificierteren Beneficiaten vmbsehen vnd denselben vor ainicher Installation vns nambhaft machen, dazwischen aber den yetzigen alten Beneficiaten mit Ernst zur Beschaidenhait vnd Gebür halten vnd ainich Schmehen, Abthuung der Caeremonien vnd Gebrauchung newer vngewönlicher Kirchengebreuch nit gestatten sollet.

Nun hatten wir vns versehen, Ihr würdet demselben alsbald nit allain mit der scharpfen Inhibition gegen den Beneficiaten (daran wir gleichwol nit zweiflen) gehorsame Volg gelaist sondern auch ine Beneficiaten mit Ernst zur Gebür gehalten, vnd darwider nichts gestatt, sonderlich aber Euch die Zeit her vmb ainen andern tauglichen vmbgesehen vnd vns den namhaft gemacht haben, dess aber bisher weder in ainem noch anderm nit beschehen, dann Ihr aus dem Einschluss hiebey zu sehen, was vns yetzo von Newem wider ine Beneficiaten vnd dann den nechst gewesten aber nunmehr verstorbenen Pfarrer zu Sanct Marx, welchen Ihr gleichsfalls zur Pfarr befürdert vnd angenommen, ihr bai der Lehr, Lebens, Verhaltens, Thuens vnd Lassens halben fürkommen, welches nun dem gar nit gleich, so Ihr vns zu Eurer selbst vnd sein des Beneficiaten Entschuldigung hieuor etlich mal fürgebracht.

Dieweil wir dann obbemelte vnser vorige letztere Resolution mit gutem Bedacht nit one genugsame Vrsachen gegeben, dabey wir es nachmalen allerdings bleiben lassen, vnd weder dis Orts ad Saluatorem, zu Sanct Marx noch indert in vnser Statt Wien, dergleichen zugedulden gemaint, so legen wir Euch hiemit verner genedigclich vnd ernstlich auf, dass Ir bey angezognem Beneficiaten (weil Ir doch noch zur Zeit mit khainem anderen tauglichen gefasst seiet) alles des gestracks endlich vnd aigentlich abstölet, so in berürtem Bericht begriffen. Vnd sonderlich, dass Er sich in nichts eindringe noch gebrauche, so seinem Beneficio nit, sondern dem Thumb vnd andern Stiften vnd Pfarren in der Statt zugehören, mit der lautern Erinderung, wo er solches, die Zeit Er noch bey solchem Beneficio allain aus Gnaden zu belaiben hat, nit thun, sondern des wenigist darwider handeln würde, dass er nit allain des selben Tags des Beneficij entsezt, sondern von vns gegen ime mit sölcher Straf verfaren werden, darob er vnd andere ein Entsetzen vnd Exempel haben sollen.

Vnd dieweil an dem Einsagen vnd Gebieten nit genueg, sondern es aines Nachsehens vnd Handhabung bedarf, sonsten er sein Vnart eben so wenig als bisher lassen würde, so wollen wir auch ernstlich, dass Ihr (wie dann anderwerts auch beschehen soll) auf ine Beneficiaten (ob Er demselben geleb oder nit) zu mehrer Sorg, vleissige Achtung gebet vnd ime Eures Thails gar nichts vngebürlichs gestattet noch nachsehet, dann wo Er Beneficiat mit Eurer Verstattung hiewider thun vnd es an vns gelangen wirdet, habt Ir wol zu gedenkhen, das die Schuld auf Niemands billicher als Euch vnd Euer Nachhangen (weil wir Euch hieuor vnd yetzo so gar gemessnen Beuelch gegeben haben, vnd darumben vertrauen), fallen khan.

Vnd damit wir diser Handlung ain mal würklich abkumen, so wöllen wir entlich, dass Er Beneficiat, voriger vnserer Resolution gemess, mit ehester Gelegenhait des Beneficij erlassen, doch zuuor an sein Statt ein anderer tauglicher erlangt, vnd derselb vns vor der Ainsatzung nambhaft gemacht werd, welches Ihr sovil muglich befürdern sollet, dann wir disen Beneficiaten dis Orts in die Lenge, sonderlich da Er sich also verhalten vnd vortfaren thäte, wie vns fürkommen, gar nit zu gedulden wissen, welches also vnser genediger ernstlicher vnd entlicher willen. Geben in Vnser vnd des heiligen Reichs Statt Speier den Ainvndzwainzigisten Tag des Monats Septembris, Anno im Sibenzigisten, Vnserer Reiche des

Römischen vnd Hungerischen im Achten, vnd des Behaimischen im Zwaivndzwainzigisten.

 Maximilian

Ad mandatum sacrae Caes^{ae}
Mstis proprium
P. Vnuerzagt.

 Adresse:
Den ersamen weisen, vnsern besonders lieben vud getrewen N. Burgermaister, Richter vnd Rath vnserer Statt Wien.

IX.

Maximilian der Ander, von Gottes Gnaden Erwölter Römischer Kaiser, zu Allen Zeiten Merer des Reichs.

Ersam weis, besonders lieb vnd getrewen! Vns ist von dem Durchleüchtigen Hochgebornen Carln, Erzherzogen zu Oesterreich, vnserm freundlichen lieben Bruedern vnd Fürsten, Ewr Bericht vnd Entschuldigung, so Ir Sr. L. wegen des nechst gewesten vnd nunmer verstorbnen Pfarrers zu Sanct Marx, Adamen Heller, welcher aus dem Jhesuiterorden gestanden ist, gethan habt, zukummen, den wir nachlengs verlesen gehört, wellen Euch darauf genedigclich nit verhalten, ob Ir Euch wol von aller Newerung, so Ir in Verrichtung des alten christlich herkhummenen Gottsdiensts, seider vnsers yezig Abwesens, bey der Pfarr zu Sanct Marx vnd ander Orten in vnser Statt Wien, durch Leüt, die demselben alten Gottsdienst vnd der Catholischen Religion vnd Caeremonien zuwider angestellt, vnd bisher gestattet, entschuldiget, das doch vns nit allain das Gegenspil in mer vnderschidlichen Wegen (inmassen wir Euch jüngst ausfüerlich zugeschriben) fürkummen, sondern wir befinden auch, dass Ir in Ewrem Bericht selbst gestendig, wie angezogner Adam Heller ein Jhesuit gewest, seine Vota gethan, daraus aigens Willens geschritten, sich hernach beehlicht vnd kain Mess mehr gelesen habe, welches dann dis ainigen, geschweigendt der andern Ort, in deme Enderung vnd Newerung genueg, dass ir ain solche vntaugliche Person, welche sein verglübdten Standt, Lehr, Leben, Wandl, Thun vnd Wesen . . . . verändert, der auch zu Pfarrern weder ordiniert, praesentiert, noch weniger confirmiert gewesen, auf bemelte Pfarr zu St. Marx angenommen vnd so lang daselbsten wüssentlich aufgehalten, da Ir doch dabey wol zu gedenkhen gehabt, solchs nit recht sey, vnd vns zu Missfallen geraichen werde,

So ist auch solche Aufnemung nit ordinario noch legitimo modo, sondern vnwissend des Thumbkapitels vnd Officials, so in absentia Episcopi Ordinarius ist, deme als Geistlicher Obrigkait dem altherkummen Gebrauch vnd desselben habenden Jurisdiction, Recht vnd Gerechtigkait nach, dergleichen geistliche Personen ad Examen fürgestellt vnd praesentirt werden sollen, beschehen, vnd ist vns solches desto frembder, sintemal Ir wol gewüsst, wie wenig er vnd andere in dergleichen Fällen wider ir vorgethane Gelübdt aignes Gewalts vnd Willens austreten, vnd noch vil weniger zu dergleichen Selsorgen tauglich sein, noch inen die vertraut werden khünden,

Vnd wann schon das auch nit waere, so hetet Ir doch vor Annemung, Befürderung vnd Aufhaltung sein Hellers billich dahin gedenkhen sollen, ob es auch dem gemess sey, so wir Euch in vnserm Verruckhen von Wien gnedigclich bevolhen, vnd Ir euch gegen vns, nach aller Gebür vnd Schuldigkait, dahin lauter erboten, das nemblich Ir an Euren getrewen Vleiss nichts erwinden lassen wollet, das Religionwesen bey der Statt in dem Stand zu erhalten, wie es damaln allenthalben gewesen, vnd wir selbig Zeit verlassen gehabt, darwider Euch Ichtes zu gestatten gar nit, vil weniger es selbst zu thun vnd zu fürdern, sondern vil mer gebürt het, vnsern gnedigen vnd ernstlichen Beuelch in gehorsamer vnd schuldiger Acht zu haben, demselben zu geleben, vnd dardurch bey vns das gnedige Vertrawen, so wir In Euch gestellt, zu erhalten,

Wir müessen aber aus dem allen vnd sonderlich Ewrer Entschuldigung, vnd der zu Beschluss angehenckten Vermeldung versteen, dass Ir der Bewilligung, so wir den zwayen vnsern Stenden von Herrn vnd der Ritterschafft mit besonder Mass gethan, nit allain auch tailhaftig sein, sondern dieselb Zulassung auf Euch vnd die andern Stätt vnd Märckht wider vnser hieuorige öftere Erklerung vnd Beuelch aignes Willens vnd Fürnemens ziehen, vnd demselben durch solche Veränderung des alten Gotsdienst vnd Kirchengebreuch gleichsamb einen Anfang machen wollet, und dann auch dass Ir nit schuldig zu sein vermaint, dem Ordinario ainiche Praesentation zu thun, sondern die Pfarrn vnnd Beneficia, darüber Ir nit mer als Collatores seit, Personen, die Euch gefallen, sy sein nun Catholisch oder nit, altem Gebrauch zuwider, zu verleihen, dessen Ir aber weder in aim, noch anderm nit befuegt, vnd darumben vns von Euch alss vnseren aigenthümblichen Cammersleüten vnd Vnderthanen desto frembder, wie es dann Euch sonderlich in yezigem vnserm Abwesen, vnd über das, dass Ir vnser Gemüet vnd Willen in disem des Beneficiaten ad Saluatorem halber, von Prag aus schriftlich vnd mündlich wol verstanden vnd Euch billich darnach richten sollen, nit gebürt hat, so ist auch Euch vnd den andern Stötten vnd Märkhten genugsamb bewüsst, was der Augspurgischen Confession Zulassung halben, souil Euch vnd dieselben anderen Stött vnd Märkht betrifft, in vnd ausserhalb des Landtag gehandlet worden, daraus Ir Euch leichtlich zu berichten, dass Ir von vns nit allain khain Bewilligung habt, sondern dass Ir auch yeder Zeit in Religionssachen von den andern zwayen Stenden abgesündert gewesen, vnd wir vns Euch vnd die andern Stött vnd Märkht austrucklich beuorbehalten, inmassen wir dessen wol befuegt vnd kain geringer, geschweigend fürnemmer Stand des Reichs, seinen Underthanen nit gestattet, sich von Seiner Religion in ainiche Weeg abzusöndern. So hat es mit Administrierung der Hochwürdigen Sacramenta zuuor sein gewisse Mass so richtig, das weder Ir noch andere Stött vnd Märkht sich mit Fueg nit zu beclagen. Also khan auch durch

Ewr habende Lehenschaft dem ordinario in seiner Geistlichen Jurisdiction die wolgeziemende von Alters herkhumene vnd schuldige Praesentation nicht entzogen werden, wie dann Euch an Ewr Lehenschaft nichts benommen vnd solches dahin dienstlich ist, das allain die tauglichen, vnd nit die, so nichts khünden oder sonsten manglhaftig seyen, befürdert werden, zudem dass Ir selbst gestendig, wie Ir etlichemal Ewre Priester dem Bischof vnd Official fürgestellt habt.

Dieweil wir dann weder Euch, noch denen Andern vnsern Stötten vnd Märkhten in dem Religion vnd Kirchenwesen Ichtes wider den altherkhummenen Gebrauch, für Euch selbst vnbewüsst vnser, vnd vnsern austrückhlichen Beuelch vnd Vorbehalt zuentgegen anzustellen, den Gottsdienst zu corrigiern, darinnen Aenderung mit Abstellung der Mess vnd in anderen Wegen fürzunemen zu gestatten nit gemaint, so beuelhen wir Euch hiemit ernstlich vnd entlich, dass Ir Euch vorthin der gleichen Newerung vnd Aenderung auch aigenwilligen Anmassung vnd Tailhaftigmachung der zwayer Stende erlangten Zuelassung genzlich enthaltet, auf Ewre Pfarrn vnd Beneficia kainen Priester annemmet noch bestättet, er sey dann zuuor dem Ordinario ordentlich praesentiert, desselben Testimonia ersehen, vnd seiner Tauglighkeit halben examiniert, vil weniger sollet Ir auf allen Pfarrn vnd Beneficien Ewer Collation jezt oder künftig Jemands gestatten, so in Lehr vnd Caeremonien Ichtes bekhenne, thue vnd handle, das dem in vnserer Statt Wien altherkhommenen Kirchengebrauch vnd Caeremonien in ainiche Weg zuwider ist, sondern vil mehr dahinsehen, es also allenthalben im alten Stand, Wesen vnd Gebrauch vermög jeden Orts Fundation zu erhalten, anderst wir vns zu Euch nit versehen wollen.

Vnd dieweil man aines Pfarrers gen St. Marx vmb der menig armer Leüt willen nit zu entraten, so sollet Ir Euch mit dem fürderlichisten vmb ainen tauglichen vnd catholischen, als obstcet, daselbsthin, desgleichen auch auf vnsern jüngsten Beuelch mit chister Gelegenhait, vmb ainen zu

dem Beneficio ad Saluatorem bewerben, dieselben dem Thumb-
capitl oder Official praesentiren, vnd wo sy für tauglich
erkhennt, alsdann einsezen, hiezwischen aber die Pfarr zu
St. Marx von St. Stephan aus versehen lassen. Das ist vnser
gnediger, ernstlicher vnd entlicher Willen. Geben in vnser
vnd des Reichs Statt Speyr, den XI. Octobris, Anno im Sibenzigisten, Vnserer Reiche, des Römischen vnd Hungerischen
im Achten, vnd des Behemischen im XXII.

 Maximilian

     Ad mandatum sacrae Caes^{ae}
      Mstis proprium
      P. Vnuerzagt.

 Adresse:

Den Ersamen weisen, vnsern besonders lieben vnd
getrewen, N. Bürgermaister, Richter vnd Rat vnser Statt
Wien.

X.

Maximilian der Ander, von Gottes Genaden Erwelter Römischer Kaiser, zu allen Zeiten Mehrer des Reichs.

Ersam weys besonders lieb vnd getrewen! Ir wist euch zu erindern, was wir euch nun zu zway vnderschiedlichen malen von hie aus, eurs Beneficiaten halben ad Saluatorem, zugeschriben vnd nebens auferlegt vnd beuolhen. Wiewol es nun allain an dem gestanden, dass Ir alsbald alle Newerung vnnd Aenderung der Khürchen-Ceremonien vnd Lehr, so ihr in seiner Administration vnd Khürchen Gebrauch aignes Willens fürgenommen, bey Ime mit Ernst abstellen, vnd es dem gemess erhalten sollet, wie es von Alters bey der Statt Herkhomen, auch die Fundation vnd Stiftungen ausweisen vnd vermögen, dass Ir euch auch mit eheistem vmb ainen andern catholischen Beneficiaten an dis Ort bewerben vnd disen Jezigen ablassen sollet, so khombt vns doch glaubwürdig für, dass ermelter Beneficiat noch ain Weg als dem andern, gar vngehorsamlich vnd verechtlich, in seinem hergebrachten gewonten Gebrauch fortfaren vnd allain predigen, die Mess aber gar nit halten, vnd doch die Hochwürdigen Sacramenta ausser der Mess consecrieren vnd raichen thue, dardurch es bey dem gemainen Volkh dahin khombt, das sy das Prodt vnd Wein, so in der Mess consecriert würdet, nit für ein Sacrament halten, sondern es ausser der Mess vor Iren Augen so wol in Heusern, als der Khürchen, wie eben diser Beneficiat im Gebrauch, consecriert haben vnd von der Mess gar nichts wissen noch halten, auch von andern Priestern der Statt, die seyen nun vom Thumbstift oder andern Khürchen, nit communiciert sein wollen.

Also gebrauch er sich auch noch des Taufs auf die newe Weis, wie Ir aus obbemelten vnsern zwayen Schreiben vnd Beuelhen ausfuerlich verstanden, vnd des one ainichen Scheuch, da Ime doch in dergleichen Hochwichtigen Puncten vnd Articln wider der gaistlichen Obrigkait Wissen, auch der weltlichen Obrigkait Beuelch Ichtes seines gestellens zu ändern, gar nit, vnd noch vil weniger gebürt, darauf so halsstarrig zu verharren.

Dieweil denn vnsere Beuelch vnd Verordnungen bisher bey Ime nichts mehrers, als Vngehorsamb vnd Halsstarrigkhait gewürkht, dess vns aber zu gedulden nit gemaint, so beuelchen wir euch hiemit widermals ernstlich, dass Ir solches bey Ime zu Stunden vnd one ainichs Verweylen abstellet, vnd weiter dergleichen Newerung nit gestattet, dessgleichen auch mit dem cheisten, so immer sein khann, ainen andern tauglichern Beneficiaten, welcher in Lehr, Leben, Thuen vnd Wandel vnsträflich vnd khainer Secten verwand seye, der sich auch der Khürchen Gebrauch, wie die von Alters herkhommen vnd die Stiftung des Beneficij vermag, vnd in der catholischen Khürchen ueblich, befleisse vnd aller Newerungen muessig gehe, an die Hand bringet vnd lenger nit verziehet, inmassen solliches vnser jüngster Beuelch auch ausweiset, dann wir ine den Jezigen Beneficiaten auf sein bishero beharrende Vngehorsam in khainer Weis lenger weiter allda zu gedulden wissen. Das ist vnser genediger ernstlicher vnd endlicher willen. Geben in vnser vnd des Reichs Statt Speyer den fünfvndzwainzigisten Novembris, Anno im Sibenzigsten, vnserer Reiche des Römischen vnd Hungrischen im Achten vnd des Behaimischen im zwayvndzwainzigisten.

Maximilian

Ad mandatum sacrae Caes^{ae}
Mstis proprium
P. Vnuerzagt.

Adresse:

Den Ersamen weysen vnsern besondern Lieben vnd getrewen N. Bürgermaister Richter vnd Rath vnser Statt Wien.

XI.

Der Actenfascikel, die St. Salvator-Angelegenheit betreffend, enthält in 24 Nummern Folgendes:

1) Schreiben Freyunger's an den Bürgermeister (Darlegung des Vorganges am 20. Jänner 1570),

dto. 21. Jänner 1570.

2) Bericht des Stadtrathes an die n. ö. Regierung und Kammer und Bescheid derselben, dass der Pfarrer in seinem Predigen keine Hinderung erfahren solle.

dto. 23. Jänner 1570.

3) Schreiben Max' II. an den Bürgermeister Hans von Thau.

dto. 28. Jänner 1570.

4) Rechtfertigungsschrift von Thau's an den Kaiser.

dto. 21. (?) Jänner 1570.

5) Schreiben des Kaisers an den Statthalter, die Wiedereinsetzung Freyunger's betreffend.

dto. 17. Februar 1570.

6) Schreiben des Kaisers an den Bürgermeister und Rath der Stadt Wien, ebenfalls die Wiedereinsetzung Freyunger's betreffend.

dto. 17. Februar 1570.

7) Schreiben Hutstocker's und Iglschauer's an den Bürgermeister.

dto. 22. Februar 1570.

8) Schreiben Hutstocker's und Iglschauer's an den Bürgermeister.

dto. 25. Febr. 1570.

9) Schreiben des Bürgermeisters an Hutstocker und Iglschauer, über die erfolgte Restitution.

dto. 26. Februar 1570.

10) Schreiben Hutstocker's und Iglschauer's an den Bürgermeister.

dto. 27. Febr. 1570.

11) Bescheid von der röm. Majestät an den Rath der Stadt Wien über die Wiedereinsetzung des Pfarrers Freyunger.

dto. 1. März 1570.

12) Schreiben Hutstocker's und Iglschauer's über die Festlichkeiten in Prag.

dto. 1. März 1570.

13) Schreiben Hutstocker's und Iglschauer's Antwort auf das Schreiben des Bürgermeisters vom 26.: Hoffnung, die Mission bald zu beenden.

dto. 3. März 1570.

14) Schreiben Hutstocker's und Iglschauer's über die Verhinderung ihrer Wegreise.

dto. 7. März 1570.

15) Schreiben des Bürgermeisters an Hutstocker und Iglschauer.

dto. 12. März 1570.

16) Bericht des Bürgermeisters über die Angelegenheit an den n. ö. Landtag.

dto. 21. März 1570.

17) Schreiben des Pfarrers Heller bei St. Marx, dass er sich verheirathen wolle.

dto. 3. Juli 1570.

18) Schreiben des Erzherzogs Carl wegen der Anstellung des entlaufenen Jesuiten bei St. Marx an den Bürgermeister und Rath.

dto. 4. September 1570.

19) Schreiben des Dechanten von St. Stefan an den Rath wegen der Predigten etc. bei Sanct Marx und der Priesterbestellung.

dto. 7. September 1570.

20) Schreiben Maximilian's an den Bürgermeister und Rath.

dto. 21. September 1570 (Beilagen).

21) Schreiben Maximilian's an den Bürgermeister und Rath.

dto. 11. October 1570.

22) Schreiben Maximilian's an den Bürgermeister und Rath.

dto. 25. November 1570.

23) Abermalige Rechtfertigungsschrift des Rathes an Max. (Beilagen).

dto. 2. December 1570.

24) Urkunde von Erzherzog Carolus; (über den Unterhalt eines Priesters bei St. Marx).

dto. 6. November 1570.